HEYNE
BÜCHER

Zur Autorin:

Dr. Flora Peschek-Böhmer, Heilpraktikerin, leitet seit vielen Jahren das Naturheilzentrum Mühlenkamp in Hamburg, wo sie unter anderem ausgezeichnete Behandlungserfolge mit der Colon-Hydro-Therapie erzielt. Weitere Schwerpunkte ihrer Arbeit bilden Phytotherapie und Homöopathie, die ebenfalls bei der Behandlung der verschiedenen Darm-Beschwerden eingesetzt werden. Dr. Flora Peschek-Böhmer hat bereits mehrere Bücher veröffentlicht. Als Heyne Taschenbücher sind bisher von ihr erschienen:
Urin-Therapie (Heyne TB 08/5017) – Selbstbehandlung mit Eigenurin bei vielen Krankheiten und Beschwerden
Pilzerkrankungen natürlich behandeln (Heyne TB 08/5071) – Neue Therapien gegen Mykosen, Ursache und Auslöser zahlreicher Krankheiten und Beschwerden

Alle Angaben in diesem Buch beruhen auf dem aktuellen Stand von Wissenschaft und Forschung. Grundsätzlich sollten jedoch alle Befindlichkeitsstörungen mit einem Arzt besprochen werden, ehe eine Selbstbehandlung vorgenommen wird. Insbesondere muß abgeklärt werden, daß die vorliegenden Beschwerden nicht Symptome von Krankheiten sind, die dringender ärztlicher Behandlung bedürfen. Für den Erfolg bzw. die Richtigkeit der Anwendungen in jedem Einzelfall können Autoren, Produzenten oder Verlag keinerlei Gewähr übernehmen.

Dr. Flora Peschek-Böhmer

Colon-Hydro-Therapie – Ein neuer Weg zur umfassenden Entschlackung und zur Heilung chronischer Krankheiten

Originalausgabe

WILHELM HEYNE VERLAG
MÜNCHEN

HEYNE RATGEBER
08/5109

Umwelthinweis:
Dieses Buch wurde auf
chlor- und säurefreiem Papier gedruckt.

Printed in Germany 1997
Konzeption und Realisation: Livingston, Hamburg
Lektorat: Johann Lankes
Umschlaggestaltung: Atelier Adolf Bachmann, Reischach
Umschlagabbildung: Tony Sone Bilderwelten, München
Satz: Schaber Satz- und Datentechnik, Wels
Druck und Bindung: Ebner Ulm

ISBN 3-453-1800-6

Inhalt

Vorwort: Im Darm wird das Lächeln geboren – eine alte Weisheit wird neu entdeckt

Der Darm liegt nicht nur im Zentrum des Körpers, er kann auch zur bestimmenden Mitte des physischen Lebens werden. Über ihn beziehen wir alle notwendigen Lebensbausteine. Er schafft Kraft und Abwehrkraft, sorgt für Wohl- oder Mißbefinden. Seine vielfältigen Funktionen sind vielen Störungsmöglichkeiten ausgeliefert. Jeder kennt sie. Und sie nehmen zu, parallel zur Umweltvergiftung läuft eine »Inweltvergiftung«.

Es ist kein Wunder, daß in unserer heutigen Zeit die Zahl der Magen- und Darmerkrankungen sprunghaft zunimmt. Und es gibt dafür viele Erklärungen, die zum Teil ganz banal klingen. Da ist einmal die Ruhelosigkeit unseres Alltagslebens. Wir haben keine Zeit, wir nehmen uns keine Zeit, um zum Beispiel in Ruhe zu essen. Wir stopfen irgend etwas irgendwo in uns hinein, um unserem Körper irgendwie die notwendigen Nährstoffe zu geben.

Manchmal aber bleibt selbst dazu keine Zeit. Da sind wir im Streß, da ignorieren wir die Signale unseres Körpers, der seine Nahrung verlangt. Wir sind unausgeglichen und nervös, weil uns die Anforderungen des Alltags überfordern. Es ist die Art von Alltagsdruck und Nervosität, die zunächst einmal im Kopf geboren wird. Aber diese Nervosität geben wir weiter an unseren Körper, zum Beispiel durch falsche Nahrung und falsche Ernährungsgewohnheiten. Ein unseliger Kreislauf beginnt. Denn irgendwann reagieren auch unsere inneren Organe nervös, der Magen, der Darm. Und zusätzlich zum Kopfstreß werden wir in unserem Alltag konfrontiert mit dem Streß, der von innen kommt, aus dem Zentrum unseres Körpers, von Magen und Darm. Wie dieser verhängnisvollen Kettenreaktion zu begegnen ist, soll dieses Buch zeigen.

Ein ganz gesundes, optimal funktionierendes Verdauungssystem schafft Wohlbehagen. Es kostet keine Kraft, sondern gibt Kraft. Wer Probleme mit der Verdauung nicht kennt oder erfolgreich beseitigt hat, der lächelt leichter; denn es ist ihm leichter. Es ist ein Lächeln nach außen, aber auch die Ausstrahlung von Zufriedenheit nach innen, zu sich selbst. Die Überlieferung ist Jahrhunderte alt: »Im Darm wird das Lächeln geboren.«

Die Rückbesinnung auf solche alten Weisheiten kann für uns alle ein Sprung nach vorn werden: Wenn wir im Darm beginnen, unserem Körper das Lächeln zurückzuschenken, werden wir dem Alltag anders begegnen. Es wird uns leichterfallen, die täglichen Schwierigkeiten zu meistern. Und aus dem Alltag, den wir leichter und mit Kraft angehen, werden viel weniger negative Einflüsse auf unseren Körper einstürzen.

Wenn uns dies gelingt, haben wir den Kreislauf der Anspannung und der Ruhelosigkeit durchbrochen. Wir haben ihn ersetzt – durch den Kreislauf des Lächelns.

Und mein schönster Erfolg wäre es, Ihnen mit diesem Buch zum Einstieg in den Kreislauf des Lächelns verhelfen zu können.

Dr. Flora Peschek-Böhmer

So sieht's aus bei uns im Bauch: das Verdauungssystem

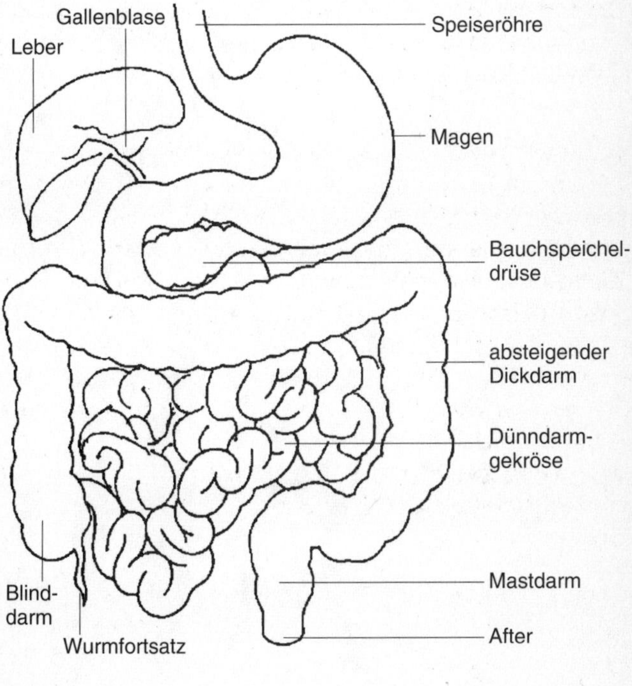

Wenn wir unserem Körper helfen wollen, müssen wir ihn kennenlernen: Ein kleiner Ausflug in die Anatomie

Unser Verdauungstrakt reicht vom Mund bis zum After, er ist eine schlauchförmige Einbahnstraße, auf der ununterbrochen Bewegung herrscht. Fließt dieser Strom im natürlichen Rhythmus dieses Weges, so fühlt man sich deutlich wohl. Man wird nicht belastet, nicht ermüdet, nicht aufgebläht, nicht überfüllt von dem, was da lebensnotwendig geschieht.

Um den Gang der Verdauung beobachten und kontrollieren zu können, müssen wir zuerst wissen, wie dieser Weg anatomisch aussieht und was hier genau geschieht. Erst dann können wir eingreifen, um Stolpersteine, Unwegsamkeiten oder Schlamm zu beseitigen.

Jeder Körper braucht, um leben zu können, Flüssigkeit, Nahrung und Sauerstoff. Mit Essen und Trinken nehmen wir die beiden ersten Bausteine mit dem Mund auf. Hier beginnt die Einbahnstraße Verdauung.

Der Mund als Eingang zum Verdauungssystem

Unser Mund ist eine Höhle, die von Ober- und Unterkiefer, Zähnen und den Öffnungen der Luft- und Speiseröhre begrenzt wird. Zunge und Wangenmuskeln bringen in Bewegung, was in den Mund kommt. Diese Bewegung wird vom Willen gesteuert.

Die Mundhöhle ist ausgekleidet mit Schleimhaut, aus der viele kleine Drüsen den Speichel absondern. Die in ihm enthaltenen Enzyme schaffen den ersten Schritt der Verdauung. Da es einige Zeit dauert, bis die Speisen so zerkleinert sind, daß der ganze Speisebrei von den Enzymen durchtränkt ist, sollte der Bissen stets genügend lange im Mund bleiben. Das heißt, eine bewußte Erziehung zum Kauen ist wichtig.

Ist richtiges Kauen einmal erlernt, dann funktioniert es auch unbewußt. Man sagt, ideal sei es, den Speisebrei im Mund eine Minute einzuspeicheln, das wird kaum jemand schaffen – aber zehnmal zu kauen und bis zum Schlucken zehn Sekunden zu brauchen, ist erlernbar und erstrebenswert.

Befördern Zunge und Kaumuskeln die Speise in den rückwärtigen Teil der Mundhöhle, so löst ein vom Willen unabhängiger Reflex das Schlucken aus.

Die Speiseröhre – kein Fallrohr, sondern ein Förderband

Ruckartig wird mit dem Schlucken der Mundinhalt in die Speiseröhre (= *Oesophagus*) befördert und wellenartig auf den Mageneingang zugeschoben. Die Nahrung stürzt also nicht wie durch ein Fallrohr nach unten, sondern wird durch die Bewegungen der Speiseröhre langsam in Richtung Ziel befördert.

Die Speiseröhre, ein etwa 25 Zentimeter langer Muskelschlauch, der bis zu drei Zentimeter Durchmesser ausgedehnt werden kann, liegt hinter der Luftröhre, vor der Wirbelsäule und durchtritt das Zwerchfell. Diese Stelle wirkt wie ein Ringmuskel (= *Sphinkter*).

Der Mageneingangsmuskel, der Magenmund, verschließt den Magen gegen Dinge, die nicht hineingelangen sollen. So werden ätzende Flüssigkeit oder sperrige Teile gestoppt und durch Brechreiz wieder aus dem Körper befördert. Außerdem verhindert dieser Muskelmund umgekehrt, daß Mageninhalt zurückfließt (= *Reflux*).

Der Magen als Mischwerk für die Nahrung

Der Magen (= *Ventriculus*) ist ein in der Körpermitte zwischen Leber und Milz gelegener birnenförmiger Sack. Er kann bis zu zweieinhalb Liter Menge aufnehmen. Oben liegt der Magengrund am Zwerchfell an.

Dort sammelt sich eventuell mitgeschluckte Luft, die die Mutter beim Baby nach dem Essen durch Klopfen auf den Rücken nach oben befördert, indem sie das Kind aufstoßen läßt. Da herzhaftes Rülpsen Bauernart sein soll, spricht der Umgangston von »Bäuerchen machen«.

Unzählige Drüsen geben aus vielen Falten der Magenschleimhaut Verdauungssäfte an den Mageninhalt ab. Da diese stark sauer sind, sinkt der pH-Wert des Verdauungsbreis in den sauren Bereich ab.

Umkleidende Muskelschichten ziehen sich etwa alle 20 Sekunden zusammen und halten den Magen in andauernder Bewegung, so daß sein Inhalt gut durchgeknetet wird. Selbständige Nerven steuern diese Kontraktionen. Wir könnten sie also nicht bewußt beeinflussen.

An seinem Ende wird der Magensack wieder von einem Muskel verschlossen, dem Pförtner (= *Pylorus*). Dies ist der Übergang in den Dünndarm.

Der Zwölffingerdarm – ein Trichter für Speisebrei und Körpersäfte

Mediziner nennen ihn den Zwölffingerdarm (= *Duodenum*) – und seinen Namen hat er nicht etwa durch sein Aussehen bekommen. Denn er hat die Form eines liegenden U, das den Bauchspeicheldrüsenkopf umrundet.

Sein Name stammt vielmehr aus vorchristlicher Zeit, als man in Fingerbreiten oder Ellen gemessen hat. Abgeleitet wurde der Name aus der Beschreibung der Länge dieses Darmabschnittes, die etwa 25 bis 30 Zentimeter beträgt (= zwölf Fingerbreiten).

Hier münden die verdauungsnotwendigen Säfte der Bauchspeicheldrüse (von links kommend) und der Gallenblase (von rechts kommend) in den Speisebrei. Anatomisch betrachtet ist der Zwölffingerdarm bereits ein Teil des Dünndarms.

Der Dünndarm – Wachposten gegen Feinde im Verdauungstrakt

Dies ist der längste und wichtigste Teil des Darms und des gesamten Verdauungssystems. Insgesamt etwa sechs Meter Länge führen in vielen Schlingen über den Leerdarm (= *Jejunum*) zum Krummdarm (= *Ileum*). Da der lebende Darm dauernd in kontrahierender Bewegung ist, läßt sich die tatsächliche Länge nur an totem Gewebe messen.

Der Dünndarm ist nicht nur lang, sondern hat für seine vielfältige Arbeit außerordentlich viel Innenfläche: Würde man alle Falten, Zotten und Schlingen zu einer Fläche ausbreiten, so würde dies der Größe eines Fußballplatzes entsprechen!

Glatte Muskulatur hält die gesamte weiche Masse in andauernder voranknetender Bewegung (= *Peristaltik*), so daß Verdauungstätigkeit und Aufnahme durch die Darmwand hindurch gewährleistet sind.

Im unteren Teil des Dünndarmes sind reichlich Lymphfollikel (= *Peyersche Platten*) angesiedelt. Sie sind ein wesentlicher Teil des körpereigenen Immunsystems und sorgen im Darm für die Vernichtung von Mikroorganismen (Pilze, Bakterien), Giften oder Schlacken, die dort nicht hingehören. Die Abwehrkraft des Körpers gegen Infektionen, die hier vom Darm ausgeht, wurde lange unterschätzt, während sie kaum hoch genug eingeschätzt werden kann.

In den Vertiefungen zwischen den Darmzotten liegen Drüsen, die den notwendigen Verdauungssaft liefern.

Am Übergang zum Dickdarm gelegen, bildet der Blinddarm ein kleines, etwa fünf bis acht Zentimeter langes verschlossenes Säckchen, an das sich wie ein kleiner Finger der *Wurmfortsatz* anschließt. Dieser kleine Anhang ist der Teil, der leicht und oft entzündlich reagiert, woraufhin man – fälschlicherweise – von »Blinddarmentzündung« spricht.

Der Dickdarm – von Muskeln umringt

Auch das *Colon* ist noch einmal bis zu zwei Meter lang und liegt wie ein zusammenhaltender Rahmen rund um die Dünndarmschleifen herum. Er beginnt rechts unten mit dem Blinddarm, führt rechts außen in den *aufsteigenden Dickdarm*, der seinen Halt an der Rückwand der Leibeshöhle hat. Er führt bis zur Leber; dort wendet er sich in den querlaufenden Darm, das *Quercolon,* das leicht durchhängt, aber nicht bis unter die Nabellinie reichen soll. An der Milz macht der Dickdarm eine starke Abwärtskrümmung. Der folgende *absteigende Dickdarm* ist mit der Rückwand der Leibeshöhle verwachsen.

Ringmuskulatur umgibt den ganzen Dickdarm und sorgt für ununterbrochene wellenartige Bewegung. In der Colonwand sind Geflechte des vegetativen (= unbewußten) Nervensystems, die die schiebende und rollende Bewegung steuern, so daß der Inhalt stetig weitergeknetet wird.

Die innere Schleimhaut des Dickdarms hat keine Zotten, ist aber reich an schleimspendenden Zellen.

Mastdarm und Analkanal – das Ende der Einbahnstraße

Der *Mastdarm* (= *Rectum*) sammelt, was ihm zuströmt, im *Enddarm*, einer sackartigen Erweiterung, dem eigentlichen Kotbehälter. Wird hier der Ausscheidungsdruck groß genug, dann erschlafft der innere Ringmuskel. Gleichzeitig spürt der äußere, der willentlich gesteuert wird, den Drang zur Entleerung, die durch den *After* (= *Anus*) erfolgt.

Die Physiologie: Was geschieht auf dem Weg durch den Verdauungstrakt?

Mehrmals täglich – am besten sogar öfter und in kleinen Mengen – wird Nahrung aufgenommen. Und schon mit dem Abbeißen der Nahrung beginnen die kleinen Sünden, die zu großen Weiterungen führen können.

Im Mund werden Enzyme beigemischt. Der Mund soll und muß den ersten Schritt der Verdauung erledigen. Je kleinere Bissen und Happen zwischen die Zähne kommen, um so besser wird schon hier ein grober Brei entstehen. Im Mundspeichel befinden sich wichtige *Enzyme,* die nirgendwo anders auf dem Verdauungsweg aufgenommen werden können. Sie sorgen vor allem für ein erstes Aufspalten der Kohlenhydrate, die nur in ihrer chemisch »kleineren Form«, dem Zucker, vom Körper verwertbar sind.

Gröbere Nahrungsstücke haben Gleitschwierigkeiten in der Speiseröhre, nehmen beim Schlucken Luft mit in den Magen, wo sie wie Blei ankommen, und lösen dort eine Säureüberflutung aus, die als *Sodbrennen* unangenehm wahrgenommen wird. »Das stößt mir sauer auf«, sagt der Volksmund dann ganz treffend. Auch im übertragenen Sinne wird der

Ausdruck benutzt, wenn man seelisch etwas Unverdauliches schlucken mußte.

Erst wenn der Speisebrei in die hintere Mundhöhle kommt, wird dort der unbewußte Schluckreflex ausgelöst. Also sollte man versuchen, den Nahrungsbrei etwas länger als bisher im vorderen Teil des Munds zu zerkleinern.

Erster Korrekturschritt der Eßgewohnheiten ist also:

- Oft kleine Mahlzeiten zu essen,
- kleine Bissen in den Mund zu nehmen,
- etwas länger als bisher zu kauen und
- sich mehr Zeit zu lassen beim Essen, damit der Körper die Chance erhält, darauf zu reagieren.

Im Magen wird mit Salzsäure gearbeitet

Der Magen empfängt den Speisebrei mit einem stark salzsäurehaltigen Saft. Je nachdem, was ihm zugeführt wird, braucht er eine bis vier Stunden, um seine Arbeit zu leisten. Die dauert so lange, bis der pH-Wert unter 6,7 gesunken ist, der gesamte Brei also deutlich sauer ist. Man kann dies feststellen, wenn man sich zu schnell nach dem Essen mit zu vollem Magen ins Bett legt und einem etwas von dem Verdauungsbrei aufstößt. Der säuerliche Geschmack ist jedem bekannt.

Der Körper besteht zu einem überwiegenden Teil aus Wasser. Dieser Wasserhaushalt ist für alle Stoffwechselvorgänge äußerst wichtig und muß immer ausgewogen sein. Hat man sehr salzig gegessen, versucht der Körper, dieses Salz mit erhöhter Flüssigkeitsaufnahme auszuscheiden, es entsteht also Durst. Aber man hat nicht immer Durst, wenn der Körper Flüssigkeit benötigt. Vor allem ältere Menschen vergessen oft, genug zu trinken. Dann trocknet der Körper langsam aus: die Haut wird faltig, die Spannkraft geht schneller als naturgemäß vorgegeben verloren.

Auch die Arbeit des Magens wird erleichtert, wenn genug Flüssigkeit vorhanden ist, um einen weichen Speisebrei in den Dünndarm weiterzugeben.

Das stark saure Milieu des Magens wirkt keimfeindlich. Der größte Teil von Keimen (Pilze, Bakterien) wird hier abgetötet. Als Beispiel mag gelten: In einem gesund-sauren Magen sind 100 Milliarden Choleraerreger nötig, damit diese Krankheit ausbrechen kann. Bei nicht mehr »saurem«, sondern »neutralem« Magen reicht schon eine Million Erreger.

Erst die jüngere Wissenschaft hat festgestellt, daß es schädliche Bakterien (*Helicobakter pylori*) gibt, denen die scharfe Magensäure nichts anhaben kann. Sie können sogar im Magen siedeln und zum Auslöser von Magengeschwüren werden, wobei die Magenschleimhaut sich zersetzend »selbst verdaut«.

Im Magen wird die Verdauung der Stärke, die schon im Mund begonnen hat, fortgesetzt. Gleichzeitig leitet hier das Enzym *Pepsin* die Eiweißverdauung ein, was nur in ausreichend saurem Milieu möglich ist (pH 3 bis pH 2).

Das Fassungsvermögen des Magens eines Erwachsenen liegt bei etwa zwei Litern. Ist diese Menge genug aufgeweicht und durchgeknetet, wird sie dem Ausgangsmuskel, dem *Pförtner* (*Pylorus*), rhythmisch zugeschoben. Diese Stelle bildet den Übergang in den Dünndarm, der mit dem Zwölffingerdarm (= *Duodenum*) beginnt.

Im Zwölffingerdarm kommt Gallensaft hinzu

Wurden die Verdauungssäfte des Magens von ihm selbst produziert, so müssen nun weitere Säfte aus Drüsen dem Inhalt des Zwölffingerdarms (= *Duodenum*) zugeführt werden. Die wichtigsten Sekrete kommen aus der Leber (= *Hepar*) über die Galle und der Bauchspeicheldrüse (= *Pankreas*). Nah nebeneinander münden Gallengang und Bauchspeicheldrüsengang in den oberen Teil des Zwölffingerdarms.

Die Galle wird in der Leber produziert und in der Gallenblase eingedickt, wo sie auf Abruf wartet. Sie ist für die hier einsetzende Fettverdauung unerläßlich. Der Gallensaft emulgiert (= schwemmt auf) die Fette in eine lösliche Form, so daß sie zu Fettsäuren und Glyzerin weiter abgebaut und dann vom Körper aufgenommen werden können.

Die Enzyme der Bauchspeicheldrüse arbeiten an der weiteren Aufschlüsselung von Kohlenhydraten, Fetten und Eiweißen, diese werden zu Aminosäuren verarbeitet. Das sind die Bausteine, die der Körper für die Bildung von eigenem Eiweiß benötigt. Da er sie nur auf diesem Wege durch eiweißreiche Nahrung gewinnen kann, ist es gesundheitsnotwendig, Eiweiß mit der Nahrung aufzunehmen, was bei Vegetariern leicht zu zu einer Mangelsituation führt und damit zu einem Problem wird.

Das bekannte *Insulin* der Bauchspeicheldrüse hat nichts mit der Verdauung zu tun; es reguliert den Zuckerspiegel im Blut, in das es direkt ausgeschieden wird.

Im Dünndarm werden die Nährstoffe herausgefiltert

Auf dem langen Weg durch den Dünndarm nimmt der Körper auf riesiger Fläche der nach innen ausgelegten Zotten seine Lebensbausteine auf: Die Nahrung ist nun in chemisch einfacher gebaute Moleküle zerlegt und kann so von der Darmwand aufgesogen und über die Blutbahn dem Körper zugeführt werden.

Der Durchmesser des Dünndarms wird vom Duodenum bis zur *Bauhinschen Klappe*, dem Übergang zum Blinddarm, stetig kleiner, so daß der knetende Druck der Peristaltik auf den Nahrungsbrei gleich bleibt, obwohl die Masse dieses Breies abnimmt.

Die fadenförmigen Darmzotten, die die zerlegten Nahrungsbausteine in den Kreislauf aufsaugen, regenerieren sich etwa alle zwei Tage. Das heißt, daß die verbrauchten Zellen nach innen abgeschuppt werden. Das ist der Grund, warum auch beim Fasten, selbst bei Nulldiät, stets regelmäßiger Stuhlgang wichtig und notwendig ist, da die funktionslosen, abgeschiedenen Zotten-Zellen permanent mit dem unbrauchbaren Rest des Nahrungsbreis als Kot ausgeschieden werden.

Nur ein sehr geringer Anteil der Flüssigkeit, die den Dünndarm füllt, wird an den Dickdarm weitergegeben. Der Dünndarm ist ein wesentlicher Bestandteil in der Regulation des gesamten Wasserhaushalts: Im Verlauf von 24 Stunden passieren fünf bis zehn Liter Wasser den Dünndarm eines Erwachsenen. Aber nur 0,5 Liter verlassen ihn an der Bauhinschen Klappe Richtung Dickdarm.

Mit Hilfe einer natürlichen Darmflora aus verschiedenen Bakterien, die dort als *Symbionten* (= zu beiderseitigem Nutzen) siedeln, werden im Dünndarm einige wichtige Vitamine produziert und zerlegt, die mit der verdauten Nahrung in den Blutkreislauf aufgenommen werden.

Diese Darmflora besteht aus Zigtausenden von Bakterien, die mit dem gesunden Organismus in einer Symbiose leben. Sie helfen dem Körper beim Aufschließen der Nahrung und schützen ihn gleichzeitig vor Erkrankung, da sie eine keimtötende Wirkung gegen Eindringlinge besitzen, die als Parasiten dort nicht hingehören.

Im ersten Teil des Darms ist noch ein wenig Sauerstoff vorhanden, so daß dort noch einige Bakterien leben können, die diesen benötigen (= *aerobe Keime*); in tieferen Abschnitten finden sich nur noch *anaerobe Keime*, die keinen Sauerstoff zum Leben brauchen. Hinter der Bauhinschen Klappe siedeln im Dickdarm wieder ganz andere Mikroben als davor. Überall aber haben sie ihren bestimmten Aufgabenbereich zum Nutzen einer beidseitigen Symbiose. Im gesunden Organismus und damit im gesunden Darm haben krankmachende Keime, die von außen kommen, kaum eine Chance.

Das verdankt der Organismus der körpereigenen Abwehr, dem *Immunsystem.* Ein wichtiger Teil dieser Abwehrkraft wächst im Darm mit den *Peyerschen Platten* (= *Peyer Plaques*). Das sind Lymphknötchen, wie sie in der gesamten Darmschleimhaut vorkommen, die aber im unteren Dünndarm bis zu mehreren Zentimetern Länge zusammenfließen. Sie sind unentbehrlich für die örtliche Abwehr von Darminfektionen. Darin ähneln sie der Funktion der Mandeln im Hals-Rachen-Raum.

Man hat beobachtet, daß nach einer Entfernung der Halsmandeln vermehrt Entzündungsneigung des Wurmfortsatzes am Blinddarm auftritt: die hier gehäuft angesiedelten Lymphknötchen des Immunsystems versuchen vergebens, die Arbeit der entfernten Mandeln mit zu übernehmen und scheitern an dieser Mehrbelastung – eine Infektion kann sich ausbreiten.

Da ständig Darmkeime absterben und Zersetzungsgifte frei werden, ist das Immunsystem immer gefordert. Dadurch bleibt es einerseits im Training und ist stets einsatzbereit. Andrerseits kann es auch leicht überfordert sein, wenn der Körper mit Infektionserregern überschwemmt oder nach Entfernung der Mandeln um einen wichtigen Teil seiner Abwehrkraft beraubt wird.

Chronische Verstopfung, also eine Anhäufung potentieller Gifte und Keime im Körper, wird naturgemäß zum Risiko für eine Infektion. Etwa vier bis sechs Kilogramm gärender, sich zersetzender Speisebrei befinden sich normalerweise bis zu 14 Stunden im Körper. Bei chronischer *Obstipation* (= Verstopfung) vervielfacht sich dieser Zeitraum. Bei der Zersetzung freiwerdende Gase treiben den Bauch auf, ein Blähbauch entsteht, der durch seinen Druck gegen die anderen Organe, vor allem gegen das Herz, zur Belastung wird.

Werden dann – etwa gar regelmäßig über lange Zeit – Abführmittel eingenommen, so wird die körpereigene Darmarbeit immer mehr eingeschläfert. Die Peristaltik, die ununterbrochen den Inhalt des Darms zu seinem Ausgang hin abwärts knetet, läßt nach. Damit wird es dann Stoffwechselgiften abgestorbener Keime oder giftigen Keimen selbst leichter möglich, sich darmaufwärts zu bewegen und schädlich zu werden.

Man kann den Darm erziehen! Dabei ist zu beherzigen:

- Essen Sie regelmäßig, immer wieder zur selben Zeit kleine Mahlzeiten.
- Empfehlenswert ist ausgewogene Mischkost: pflanzliche Kost bewirkt Gärungsprozesse, tierische Kost bewirkt Fäulnisprozesse, beides ist notwendig und beides ausschließlich ist jeweils schädlich.
- Ausreichend trinken (mindestens zwei Liter pro Tag).
- Regelmäßige Bewegung bringt auch den Darm in Bewegung.
- Meiden Sie Streß, er fördert Funktionsstörungen des Darms.

Bei vernünftiger, ausgewogener Ernährung bleibt im unteren Teil des Dünndarms nur noch Masse, die vom Körper nicht aufgenommen, nicht verwertet werden kann. Diese Masse wird der Bauhinschen Klappe zugeschoben, einem ventilartigen Verschluß, der unten rechts im Leib den Übergang zum Blinddarm und Dickdarm bildet.

Der Blinddarm hilft der körpereigenen Abwehr

Hinter der Bauhinschen Klappe befindet sich nach unten hängend ein sackartiges Stück Darm, der etwa fünf bis acht Zentimeter lange Blinddarm, an dem – wie beschrieben – einem kleinen Finger ähnlich der *Wurmfortsatz* hängt.

Lange Zeit hielt die Medizin dieses Darmstück für ein Entwicklungsrelikt, das für die Darm- und Körperfunktionen nicht notwendig sei. Heute weiß man, daß der Blinddarm sehr wichtig ist und möglichst erhalten bleiben sollte. Er und der Wurmfortsatz sind reich an Lymphknoten. Das gesamte Lymphsystem des Körpers aber ist wichtigster Teil des Immunsystems, also der körpereigenen Abwehrkraft.

Der Dickdarm gibt Flüssigkeit zurück

Wie ein Rahmen umrundet der etwa 1,5 Meter lange Dickdarm den Dünndarm. Er ist von Abschnitt zu Abschnitt sackartig, in seinem Durchmesser dehnbar (= *Haustrien*). An ihm entlanglaufende Bänder (= *Tänien*) können sich ruckartig zusammenziehen, so daß sein Inhalt in Richtung auf den Enddarm weiterbefördert wird.

Während der Passage durch den Dickdarm wird der größte Teil der Flüssigkeit des Darminhalts vom Körper zurückgewonnen (= *resorbiert*). Am Ende wird nur ausgeschieden, was unverdaulich und damit für den Körper unbrauchbar ist. Dazu gehören auch Faser- und Ballaststoffe der Nahrung (Zellulose).

Trotzdem ist es wichtig, diese aufzunehmen! Mit ihrer langen Struktur – und dadurch, daß sie nicht zersetzt werden – wirken sie im ganzen Verdauungstrakt wie ein reinigender Besen, der löst und mitnimmt, was sich in Falten, Zotten und Ausstülpungen festsetzen will. Dazu gehören »Pilznester«, »Kotsteine«, Fremdkörper.

Kommen solch schwerverdauliche Ballaststoffe vom Dünndarm in den Dickdarm, so werden die gröberen Stücke durch rückläufige Bewegung des Dickdarms in das Säckchen »Blinddarm« gedrückt. Dort wirkt eine vielfältige Bakterienflora wie in einem Gärtopf. Der Wurmfortsatz (= *Apendix*) liefert dazu reichlich Bakterien und schadstoffvernichtende Freßzellen (= *Phagozyten*). Bis zu mehreren Tagen kann unverdaulicher, eingedickter Brei hier im Blinddarm vor sich hingären, ehe er vom Dickdarm wieder aufgenommen und zum Enddarm befördert wird.

Verstopfung – also eine unphysiologische Ansammlung von Nahrungsresten im Dickdarm – begünstigt einen zu langen Gärungsaufenthalt eingedickter Ballaststoffe im Blinddarm und wird damit zum Risiko: Giftstoffe und Gase werden nicht mehr ausreichend entsorgt und können unter Druck in die Blutbahn übertreten. Von dort aus können sie dem ganzen Körper schaden.

Auch der Dickdarm – wie der ganze Verdauungstrakt – ist innen mit einer Schleimhaut ausgekleidet, die einerseits eigene Verdauungssäfte für die Endverdauung absondert und andererseits die Stoffe aufnimmt, die vom Organismus erst an dieser Stelle gebraucht werden.

Der Mastdarm – das Ende der Straße

Hinter dem Kreuzbein bildet der Dickdarm die *Ampulle*, eine Ausbuchtung, in der sich der eingedickte Kot sammelt. Das ist der Mast- oder Enddarm (= *Rectum*). Ein innerer Ringmuskel hält diesen Sack so lange verschlossen, bis der Druck ein Erschlaffen auslöst.

Dann bewegt sich der Kot durch den letzten Darmabschnitt, den Analkanal, auf den äußeren Ringmuskel zu. Dieser wird willentlich beherrscht und löst sich erst, wenn der Drang zur Entleerung über das Gehirn umgesetzt wird.

Der Fahrplan für den Verdauungstrakt:
- Mund: bis zu einer Minute
- Speiseröhre: wenige Sekunden
- Magen: je nach Verdaulichkeit eine bis vier Stunden
- Dünndarm: zwei bis vier Stunden
- Dickdarm: von zehn Stunden bis zu mehreren Tagen

Unser Bauch hat sein eigenes Gehirn

Rund 100 Millionen Zellen im menschlichen Darm bilden ein zweites Nervensystem. Diese Zellen ähneln verblüffend denen des Gehirns und produzieren vergleichbare Substanzen. Deswegen nennt man dieses Nervenzentrum das »kleine Hirn«. Es funktioniert weitgehend autonom, also aus sich selbst. Erst neuere Forschungsergebnisse belegen die wichtige Rolle dieses Nervenzentrums für unbewußte Abläufe. Dazu gehört auch das Aufbrechen psychosomatisch bedingter Krankheiten.

Folgender Fall ist belegt: Ein Patient klagte über chronische Magenbeschwerden und plötzlich unaufhaltbaren Drang zur Stuhlentleerung. Regelmäßig mußte er seine Fahrt zum Arbeitsplatz unterbrechen und bei einer Tankstelle schleunigst eine Toilette aufsuchen. Am Wochenende war der junge Mann beschwerdefrei.

Ausgiebige Untersuchungen ergaben medizinisch keinen Befund. Der Arzt riet zu einem Psychotherapeuten, da die Störungen »aus dem Kopf kommen« müßten.

Es war tatsächlich eine nervöse Störung, aber nicht aus dem Kopfgehirn, sondern aus dem Nervenzentrum des Darms kommend. Und sie wurde dort behoben!

Dieses Nervensystem im Bauch erkennt über Sensorzellen Säuren, Zucker, Eiweiße und kann die entsprechende Aufbereitung einleiten. Zugleich wirkt es als aufmerksame Schranke, die den Übertritt unerwünschter Substanzen vom Darm ins Blut verhindert.

Diese Arbeit leisten zwei Dutzend verschiedene Eiweißstoffe, die das Darmhirn produziert. Dazu kommen erhebliche Mengen psychoaktiver Chemikalien, wie auch die Pharmaindustrie sie bei der Produktion von Psychopharmaka verwendet.

Das Bauchgehirn und seine Psyche

»Das liegt mir im Magen«, »das schlägt mir auf den Magen« und »drückt auf den Darm« – der Sprachgebrauch hat die psychische Komponente der Verdauungstätigkeit längst aufgenommen. Jeder Reisende kennt die plötzliche Verstopfung, wenn die gewohnten Gegebenheiten wechseln und sich etwa gar am fernen Urlaubsort ein Stand-Plumpsklo anbietet. Jeder kennt auch den plötzlichen Durchfall vor einer Prüfung oder vor dem Gang zum Traualtar. Da sind nicht Krankheiten wirksam, sondern das Bauchgehirn hat vom Vegetativum (Unbewußtem) ins Physiologische (Körperliche) hinein reagiert. Das nennt man einen *psychosomatischen* Auslöser. Vom Kopfgehirn unabhängig – und damit nicht kontrollierbar – reagiert das Bauchgehirn.

Schon im embryonalen Zustand teilt sich das anfangs einheitliche Nervensystem auf. Von da an kommt aus dem Kopfhirn nur noch der Impuls, der Auslöser an das Bauchhirn, das daraufhin sofort selbständig und unkontrolliert zu arbeiten beginnt. Allerdings bleibt ein gegenseitiger Informationsfluß erhalten, so daß Kopf und Bauch wechselseitig voneinander wissen. Mit dieser Tatsache und auf dieser Schiene zwischen den beiden Gehirnen arbeitet die Psychotherapie beim Aufklären psychosomatischer Störungen.

Störungen und Krankheiten von Magen und Darm

Der Tod wohnt im Darm

Vor Jahrhunderten gab es Perioden in der Medizin, wo diese Volksweisheit ganz wörtlich genommen und jede schwerere Erkrankung zuerst mit Einläufen behandelt wurde. Heute wissen wir vieles besser. Und doch bleibt dieser Spruch in seiner Gültigkeit noch immer wahr.

Die komplexen, vielfältigen Aufgaben des Verdauungstrakts machen klar, wie viele Störungen möglich sind, die zu Krankheiten führen können. Bei dem chronischen Verlauf einer Darmerkrankung nimmt die Gesundheit des ganzen Menschen ab. Der Alterungsprozeß setzt früher und schneller ein, und damit kommt letztlich tatsächlich »der Tod aus dem Darm«.

Doch: Für den größten Teil dieser Störungen ist jeder einzelne selbst verantwortlich – wie die Betrachtung der folgenden Erkrankungen zeigen wird.

Verstopfung (= *Obstipation*)

Darmkrankheiten sind eine Zivilisationsseuche, Verstopfung zählt zu den häufigsten Volkskrankheiten Mitteleuropas und der USA.

Hauptursachen der Verstopfung sind:

- zivilisiertes Leben,
- falsche Ernährung,
- Bewegungsmangel und
- Medikamentenmißbrauch.

Nach gängiger Meinung muß der Darm einmal täglich geleert werden – möglichst stets zur gleichen Zeit, nach dem Frühstück. Im allgemeinen stimmt das. Aber der menschliche Körper ist keine einstellbare Maschine. Und keiner gleicht dem anderen. Es gibt individuelle Strukturen, wo eine Darmentleerung alle zwei Tage – oder sogar noch seltener – natürlich und damit durchaus richtig ist.

Ganz falsch dagegen wäre, einer Norm wegen zu Abführmitteln zu greifen! Solange sich kein aufgeblähtes Unwohlsein einstellt, solange der Stuhldrang nicht länger als maximal vier Tage auf sich warten läßt und der Stuhl sodann noch weich geformt ist, besteht kein Grund zur Besorgnis.

Stellen sich jedoch Druck- und Völlegefühl ein, bilden sich übermäßig Blähungen, ist der Stuhl schwer zu entleeren und deutlich hart, dann spricht man von Obstipation oder Verstopfung.

Akute Verstopfung

Im akuten Fall sind auch diese Ursachen möglich:

- auf Reisen durch Zeitverschiebung, Kostumstellung, anderen Tagesrhythmus
- Krankheit mit Bettruhe und damit Bewegungsarmut
- ballaststoffarmes Essen
- aus Zeitmangel übergangener Stuhldrang
- seelisch-nervöse Belastungen

Eine solch akut auftretende Verstopfung sollte stets erst einmal mit bewährten Hausmitteln angegangen werden und nicht mit Abführmitteln, die dem Darm die Arbeit abnehmen und ihn erst richtig träge werden lassen.

Hausmittel gegen Verstopfung sind:

- Ballaststoffe (Weizenkleie, Leinsamen),
- Trockenfrüchte (Backpflaumen, Feigen),
- reichlich Rohkost (vor allem Sauerkraut!),
- morgens nüchtern einen Apfel essen,
- ein Glas lauwarmes Wasser trinken oder
- einige Schluck des ersten Morgenurins (ein nahezu sicheres Mittel, wenn man sich dazu durchringen kann).

Bei spastischer Verstopfung, wenn trotz Krämpfen im Bauchraum kein Stuhlgang zustande kommt, hilft meist eine Teemischung aus Baldrian und Kamille zu gleichen Teilen, in kleinen Schlucken langsam getrunken.

Chronische Verstopfung

Treten solche akuten Verstopfungszustände immer wieder auf oder häufen sich in kurzer Zeit, wird Stuhl zu selten, zu unregelmäßig oder in zu kleinen Mengen abgesetzt, dann spricht man von chronischer Verstopfung.

Dabei ist der Kot sehr stark eingedickt, hart, bröckelig, teilweise wie runde Kügelchen, die nur unter starkem Preßdruck ausgeschieden werden können – was wieder verheerende Folgen für etwa vorhandene Hämorrhoiden hat.

Bekannt ist der Fall einer etwa 20jährigen, die ihr erstes Kind zur Welt brachte. Sie litt an chronischer Verstopfung und war seit Jahren von Abführmittel abhängig, ohne daß sie davon großen Nutzen hatte. Auf der Entbindungsstation machte man einen Einlauf, der fast nichts löste. Daraufhin wurde sie in warmes Badewasser gesetzt, und eine Hebammenschülerin machte vorsichtig Colon- und Aftermassage. Erst im Kreißsaal löste sich plötzlich der Darminhalt. Es kamen nicht nur unverdaute Speisereste aus den letzten Wochen zum Vorschein, sondern auch zwei Murmeln, die das spielende Kind 15 Jahre zuvor geschluckt hatte. So verstopft und versteckend können die Winkel des Darms sein. Übrigens: Nach diesem einen Loslassen hatte die Patientin nie mehr Stuhlprobleme.

Blähungen und Völlegefühl können dabei zu Appetitmangel führen. Trotzdem ist der Leib dick aufgebläht. Da die Nahrungsschlacken zu lange im Darm bleiben und dort Fäulnis und Gärung auslösen, entstehen Gifte, die in den Körper zurückwirken. So kann eine Selbstvergiftung (= *Autointoxikation*) aus dem Darm kommen.

Folgestörungen dieser Selbstvergiftung bewirken:
- Kopfschmerzen bis hin zur Migräne
- rheumatische Gelenkschmerzen
- Herzbeschwerden durch Zwerchfellhochstand wegen der erhöhten Gasbildung
- Leber- und Gallestörungen (Entgiftungsstation!)
- Nierenstörung (Ausscheidungsfunktion)
- Hautunreinheiten, Akne
- Nervosität
- Müdigkeit und Vitalitätsverlust
- Verstimmung bis zu Depressionen

Abführmittel, die gegen chronische Verstopfung eingenommen werden, bringen nur vorübergehend Hilfe. Denn die Dosis muß dauernd gesteigert werden und zeigt schließlich gar keine Wirkung mehr. Nehmen solche »verstopfte« Patienten dann trotzdem gewohnheitsmäßig weiter Abführmittel ein – und das manchmal über Jahre! –, dann arbeiten die natürlichen Vorgänge der Peristaltik (Knetarbeit) und der Verdauung (Zersetzung) immer weniger. Aus einer Schwäche und Störung wird ein deutliches Krankheitsbild. Der Mißbrauch von Abführmitteln macht eine Entwöhnung notwendig, die ein Therapeut (Arzt, Heilpraktiker) durchführen sollte. Selbstbehandlung reicht da nicht mehr aus.

Chronische Verstopfung wird niemals durch Abführmittel geheilt! Da sie fast immer durch falsche (ballaststoffarme) Ernährung, durch Bewegungsmangel und seelisch-nervösen Streß entstanden ist, soll sie auch über diese Ursachen behandelt werden.

Den Ansatz einer Heilung jedoch verspricht die Behandlung, zum Beispiel mit Colon-Hydro-Therapie, über die ausführlich zu berichten sein wird.

Nach der gründlichen Darmreinigung müssen Schäden an der Darmschleimhaut behoben werden, und sodann muß die gesunde, natürliche Darmflora wieder aufgebaut werden mit den *Symbionten* (Bakterienstämmen), die die physiologische Arbeit im Darm zu leisten haben.

Auf jeden Fall soll chronische Verstopfung vom Fachmann (Arzt oder Heilpraktiker) behandelt werden, denn es können sich auch weitaus ernstere Erkrankungen (bis hin zu Krebs), die es aufzuspüren gälte, hinter diesem Symptom verstecken.

Durchfall (= *Diarrhöe*)

Man spricht von Durchfall bei zu schneller Passage durch den Darm, bei zu häufiger, dünner bis flüssiger Entleerung.

Die häufigste Ursache sind Magen-Darm-Infektionen, die sich oft ansteckend – vor allem unter Kindern – rasant ausbreiten.

Gefährdet sind auch (oft ältere) Menschen, die angefaulte oder angeschimmelte Lebensmittel nicht rigoros wegwerfen, sondern nur befallene Stellen ausschneiden und sich so infizieren. Die schädlichen Bakterien überfluten dann das körpereigene Immunsystem, und der Körper wehrt sich durch heftiges Austreiben dieser Störung, eben durch schnelle Darmentleerung.

Ursachen eines akuten Durchfalls können sein:
- Bakterien: Salmonellen, Ruhr, Staphylokokken, Coli
- Viren: Sommergrippe
- Parasiten: Amöben, Cholera, Würmer, Pilze
- Toxine (Gifte) aus: Pilzen, Staphylokokken

Ursachen eines chronischen Durchfalls können sein:
- funktionelle Störungen (Reizdarm)
- organische Erkrankungen: Entzündungen, Tumore (Polypen, Krebs)
- *Malabsorption* (Störung der Nahrungsaufnahme aus dem Darm)
- *Maldigestion* (fehlerhafte Verdauung durch Salzsäuremangel im Magen, Pankreas- oder Gallenerkrankung)
- chronische Infekte (Tuberkulose, Amöben)
- Allergien

Neben der »Darmgrippe« lösen auch immer mehr allergische Reaktionen Durchfall aus. So wie Allergien allgemein sprunghaft zunehmen, gibt es auch immer mehr Nahrungsmittelunverträglichkeiten. Allergische Reaktionen auf verschiedenste Nährstoffe, von bestimmten Getreidesorten über Milchprodukte bis zu einzelnen Obst- und Gemüsearten oder Fleisch mehren sich. Solche Allergene lassen das Immunsystem überschießen. Entzündungen der Darmschleimhaut und Durchfall sind meist die Folge.

Sowohl die ungenügende Reaktion des Immunsystems (bei Infektionen) als auch die überschießende Reaktion (bei Allergien) werden nach heutigen Erkenntnissen der ungesunden, falschen Ernährung angelastet.

Ein großer Teil unserer Kost wird in Raffinerien haltbar gemacht, *denaturiert*: Faser- und Ballaststoffe werden als für den Körper unnütz entfernt.

- Wir essen »tote« Nahrung statt »lebendigem« (ballaststoffreichem) Obst und Gemüse,
- wir essen zu schnell,
- zu kalorienreich,
- zu fett,
- zu spät abends.
- Die Verdauung, der Stoffwechsel, das Immunsystem können dem nicht mehr entgegensteuern.

Oft ist Diarrhöe auch Folge einer Antibiotika-Behandlung, die die gesunde Darmflora ruiniert hat. Körpereigene Bakterienstämme sind abgetötet worden, die Darmflora ist zerstört, die physiologische Zersetzung der Nahrung ist nicht mehr möglich. Durchfall stellt sich ein, der leicht chronisch werden kann.

Bei der Diagnose »Antibiotika-Schaden« wechseln Durchfall und Verstopfung oft ab. Fieber fehlt – im Gegensatz zu Infektionen – meist ganz.

- *Bei leichten Fällen von Diarrhöe* helfen Hausmittel: Ein bis zwei Tage wird auf Nahrung verzichtet, aber sehr viel getrunken, wobei sich Kräutertees eignen (Kamille, Pfefferminz, Eichenrinde).
- *Bei Reise-Diarrhöe* werden am ersten Tag der Erkrankung ausschließlich Cola-Getränke getrunken. Meist kann schon am zweiten Tag mit Salzstangen, Zwieback, trockenem gekochtem Reis, geriebenem Apfel und geschlagener Banane die Ernährung wieder aufgebaut werden. Um Reisedurchfall zu vermeiden, ist es ganz wichtig, nur Mineralwasser aus Flaschen, also kein Leitungswasser, zu trinken, kein (offen verkauftes) Speiseeis zu essen und – so schwer es auch fällt – alle Salate und gewaschenes Obst zu meiden.

In »knoblauchreichen« Ländern gibt es sehr viel weniger Erkältungskrankheiten und Darminfektionen! Rohe Knoblauchzehen wirken antibiotisch und sollten bei einer Durchfallerkrankung über den Tag verteilt gegessen werden.

Einen normalen Durchfall sollte man nicht medikamentös stoppen, sondern innerhalb von längstens drei Tagen auf natürliche Weise (siehe oben) zum Stillstand bringen.

Blähungen (= *Flatulenz* oder *Meteorismus*)

»Jedes Böhnchen gibt ein Tönchen.« Daß Hülsenfrüchte, Kohl, Zwiebeln bei ihrer Verdauung gasbildend wirken, weiß man. Und wir wollen und sollen trotzdem auf die sehr gesunde und wohlschmeckende Nahrungskomponente der Zwiebeln nicht verzichten.

Aber zunehmend klagen Patienten, daß praktisch alles bläht, daß sie nach jeder Mahlzeit das Gefühl haben, sich »wegen ihres dicken Bauches schwer bewegen zu können«.

Die erste Luft löst sich aufstoßend aus dem Magen. Das ist meist bei zu schnellem Essen und zu wenig Kauen mit geschluckte Luft, die den Weg zurück sucht und findet. Schmeckt dies Aufstoßen sauer, so ist es ein Zeichen für eine erste Verdauungsstörung. Dann wurden Fleischbrocken nicht gekaut, abgebissenes Brot im Mund nicht genügend eingespeichelt oder Obst nur abgebissen, nicht gekaut. Dann »liegt das Essen schwer im Magen«. Der saure Magensaft kann es zwar anverdauen, aber nicht genügend auflösen. Da der Pförtner keine größeren Stücke in den Dünndarm hineinläßt, bleiben sie im Magen liegen und beginnen bereits zu gären.

Ein Patient berichtete, daß er richtig fühlt, wie sich gurgelnd und grummelnd im Bauchraum Gas bildet und von der Peristaltik weitergeschoben wird. Er erwartet die Passage des Enddarms und die wohlige Entspannung, wenn der Druck sich löst. Erst dann sei er wirklich wieder einsatz- und arbeitsfähig.

Die meiste Gasbildung im Verdauungstrakt entsteht im Dickdarm, wenn der anverdaute Speisebrei dort zu lange lagert.

Ein Mittfünfziger stellte sich in einem Sanatorium am Tegernsee dem Kurarzt vor. Er müsse dringend mal wieder einige Kilo loswerden. Nach einer Unterhaltung über die Lebensgewohnheiten und einer Untersuchung sagte der Arzt: »Nicht der Speck muß weg, sondern der Dreck muß weg.« Mit der Colon-Hydro-Therapie konnte er dem Patienten in den nächsten Tagen ganz direkt sichtbar machen, was sich in seinem Darm angesammelt hatte.

Fehlen dem Verdauungsbrei die notwendigen Ballaststoffe, wie Salat, Gemüse, Obst sie der Nahrung geben, dann sammeln sich im Dickdarm Schlacken, die dort tage-, ja wochenlang gären, faulen und dabei stinkende Gase entwickeln wie ein Komposthaufen.

Wie schon gesagt, umrahmt der Dickdarm den Dünndarm. Dabei entstehen Winkel, die sich für die Gasansammlung besonders anbieten.

Vor allem im Übergang vom querlaufenden zum abwärtsgerichteten Darm stauen sich leicht Gase. Diese Stelle liegt unter der Herzspitze. Ein permanenter Druck gegen das Herz, der sich bis zu Angstzuständen steigern kann, bringt manchen Patienten in die Praxis des Kardiologen (Herz-Spezialisten), der dann »nur Blähungen« diagnostiziert.

Blähbauch (= *Roemheld-Syndrom*)

Dies ist eine weit verbreitete Störung. Sammeln sich im querlaufenden Dickdarm über längere Zeit Schlacken und Gase an, so kann durch den Druck nach oben ein Zwerchfellhochstand bewirkt werden. Dies permanente Druckgefühl im Oberbauch, das oft mit Magenschmerzen verwechselt wird, löst Mißbefinden aus, das sich bis zur Übelkeit steigern kann.

Eine Patientin beschreibt das Gefühl: »Im Laufe des Tages wird der Bauch dick wie bei einer Schwangeren im fünften Monat.«

Reinigung und Erziehung des Darms helfen, die Beschwerden zu beseitigen.

Ausstülpungen des Darms (= *Divertikel*)

Divertikel sind Ausstülpungen eines Hohlorgans, in diesem Fall des Darms. Wobei sich allerdings nicht die ganze Darmwand ausstülpt, sondern die Darmschleimhaut stellenweise durch die umgebende Muskelschicht dringt und Blasen bildet.

Mit zunehmendem Alter und nachlassender Gewebeelastizität werden Darmausstülpungen (= *Colondivertikel*) immer häufiger. Unter den 80jährigen ist schon jeder zweite betroffen. Diese Divertikel erreichen sogar Bohnengröße. Die Gefahr besteht darin, daß sich Verdauungsschlacken hier sammeln und so in der Darmwand zu richtigen Kotsteinen verkrusten können.

Mit der Colon-Hydro-Therapie besteht erstmals die Chance, solche Steine aus den Darm zu lösen und den Patienten deutlich fühlbar zu entlasten.

Wenn sich Divertikel entzünden

Beschwerden entstehen erst, wenn sich die Divertikel entzünden (= *Divertikulitis*). Da diese Unterbauchschmerzen meist links liegen, spricht man auch von »verkehrter Blinddarmentzündung«. Man bemerkt Abgänge von Blut (meist hellrot) und Schleim. Vereiterungen können in Nachbarorgane einbrechen oder in der Blutbahn eine Blutvergiftung (= *Sepsis*) auslösen. Bei schwerer Erkrankung zwingt das zur Operation.

Divertikel, die nicht entzündet sind, können mit Colon-Hydro-Therapie, bewußter Ernährung und Bewegungstraining gut angegangen werden. Vor allem ausreichende Zufuhr von Ballaststoffen mit der Ernährung trainiert die Darmmuskulatur, so daß sie nicht erschlafft und der Bildung von Divertikeln erst gar keine Schlupflöcher bietet.

Magengeschwür (= *Ulcus*)

Es handelt sich hierbei um ein Geschwür, das durch die Einwirkung von verdauendem, zersetzendem Magensaft entsteht, also vor allem in der Magenwand auftritt. Im Darm kann der Zwölffingerdarm Geschwüre bilden. An Zwölffingerdarmgeschwüren erkranken Männer viermal so häufig wie Frauen. Meist handelt es sich um jüngere Männer, während Magengeschwüre eher bei älteren Patienten auftreten. Die Veranlagung, auf Säureüberschuß mit Geschwüren zu reagieren, ist erblich. Der gut beobachtende Therapeut erkennt den Ulcus-Patienten bereits am hageren Gesicht mit tief eingeschnittenen Nasen-Lippen-Falten.

Risikofaktoren sind:

- genetische Vorbelastung
- psychische Belastungen (»Jetzt bin ich aber sauer!«)
- Nikotinmißbrauch
- schwere Infekte
- Cortisonbehandlung
- chemische Aroma-, Farb- und Konservierungsstoffe in der Nahrung

Da die Darmschleimhaut sich schnell regeneriert, sind bewußtes Essen und die Vermeidung von Streß wichtige Therapieansätze gegen eine Ulcuserkrankung.

Chronische Dickdarm-Schleimhautentzündung (= *Colitis ulcerosa*)

Die chronische Entzündung der Dickdarm-Schleimhaut (*Colitis ulcerosa*) ist ebenfalls hauptsächlich bei jüngeren Patienten zu diagnostizieren. Oft handelt es sich um besonders intelligente, differenzierte, sensible Menschen. Ohne die Auslöser genau zu kennen, geht man von Nahrungsmittelallergien oder aber psychisch belastenden Situationen aus. »Ellenbogen-Typen« sind kaum von einer Colitis betroffen.

Der Verlauf ist immer schubweise. Bei chronischem Krankheitsbild kann der absteigende Teil des Darms oder auch der ganze Dickdarm durch Geschwüre und nachfolgende Narben zu einem starren Rohr degenerieren. Es besteht immer die Gefahr einer Entartung zu Krebs.

Reizdarm (= *Colon irritabile*)

Es handelt sich um eine funktionell bedingte Dickdarmerkrankung mit leichten bis heftigen Krämpfen (= *Spasmen*) in der Darmmuskulatur. Die krampfartigen Leibschmerzen wechseln ihre Lokalisation im Bauchraum und erscheinen mal als Druck, mal als Stechen.

Meist tritt ein Wechsel von Verstopfung und Durchfall ein, wobei glasiger Schleim mit abgeht, weshalb auch von *Colica mucosa* (= Schleimhautkolik) gesprochen wird.

Lokale Wärmeanwendung, krampflösender Tee und Schonkost sind als Therapie ausreichend. Aber es muß abgeklärt werden, daß es sich um keine schwerer wiegende Darmerkrankung handelt.

After-Geschwüre (= *Hämorrhoiden*)

Der letzte Abschnitt des Dickdarms lagert wie auf einem Kissen auf vermehrten Venenbahnen. Sehr oft bilden sich die aus den Venen gespeisten After-Geschwüre (= *Hämorrhoiden*) durch den Druck einer Schwangerschaft oder die Preßwehen einer Entbindung.

Hämorrhoiden entstehen auch durch:
- sitzende Beschäftigung
- Verstopfung
- Übergewicht
- Darminfektionen
- Alkohol- und Nikotinmißbrauch
- zu seltener, harter Stuhl

Es handelt sich dabei um vergrößerte (= *hyperplastische*) Verwachsungen der netzartigen Erweiterungen von Venen im unteren Becken. Man spricht von äußeren und inneren Hämorrhoiden – vom After aus betrachtet.

Die Beschwerden bestehen aus Jucken, Brennen und Nässen im Afterbereich. Bei Stuhlgang kommt es zu stechendem und reißendem Schmerz, so daß aus Angst davor die Gefahr der Stuhlverhaltung und damit einer Verstopfung besteht. Je härter der Stuhl wird, um so schmerzhafter ist die Entleerung – ein Teufelskreis ist vorprogrammiert. Oft löst der Stuhlgang zudem Blutungen aus.

Der akute Zustand wird mit Salben und/oder Zäpfchen behandelt. Auch Kamille- (oder Eichenrinde-)Sitzbäder sind hilfreich. Waschen und stark fetthaltige Salben nach dem Stuhlgang lindern den Reiz und sorgen für Regeneration. Dann jedoch ist physiologische Stuhlregulierung ganz wichtig: wenig Fleisch essen, dafür viel natürliche, faserreiche Nahrung!

Fehlerhafte Verdauung (= *Maldigestion*) und gestörte Nahrungsaufnahme aus dem Darm (= *Malabsorption*)

Die Aufnahme der zerlegten Nahrungsbausteine erfolgt in der Zotten-Epithel-Zelle und besteht im Durchtritt dieser Stoffe aus dem Darminhalt über die Schleimhaut (= *Mucosa*) in die Lymphen oder das Blut. Ist dieser Vorgang gestört, wird das als Malabsorption (= *Sprue-Syndrom*) bezeichnet. Durch die gestörte Nahrungsaufnahme aus dem Darm wird der Körper unzureichend versorgt. Das führt zu »Fettstühlen« (der Kot sieht wie eingefettet aus) oder Mangelerscheinungen (Gewichtsreduktion, brechende Nägel und Haare, leichte Ermüdbarkeit, Abwehrschwäche u. ä.).

Die Malabsorption kann auf Maldigestion beruhen

Das bedeutet auf mangelhafter Verdauung: Der Verdauungsprozeß ist an einer oder mehreren Stellen gestört. Das kann an zu viel oder zu wenig Magensäure liegen, an unzureichendem Gallenfluß oder eingeschränkter Arbeit der Bauchspeicheldrüse (= *gastrogene, hepatogene oder pankreatogene Verdauungsinsuffizien*).

Auch ein gestörter Flüssigkeitshaushalt, in dem nicht genug Flüssigkeit vorhanden ist oder zu wenig resorbiert wird, hat Maldigestion zur Folge: Fünf bis zehn Liter Wasser sollen den gesunden Darm eines Erwachsenen in 24 Stunden passieren, davon gelangt nur ein halber Liter bis in den Dickdarm. Die übrige Flüssigkeit resorbiert der Körper schon zuvor.

Pilze (= *Mykosen*)

Die Besiedelung des Darms mit Pilzen, vor allem Candida albicans, nimmt sprunghaft zu. Fast jeder Mensch hat diese Parasiten im Darm. Jahrzehntelang hat die Medizin ihnen kaum Beachtung geschenkt.

Nachdem sich aber bei Stuhlproben in den letzten Jahren bei nahezu jedem Patienten Pilze zeigten, hat man sich therapeutisch diesen *Mykosen* intensiver zugewandt.

Je weniger Ballaststoffe den Verdauungstrakt wie reinigende Besen durchlaufen, um so mehr Pilze können sich zwischen den unendlich vielen Darmzotten ansiedeln und verstecken. Da sie sich ausschließlich von Zucker – also den Verdauungsprodukten der Kohlenhydrate – ernähren, sind sie durch strikte Diät und anschließend bewußte Ernährung am ehesten zu vertreiben. Der Einsatz von *Nystatin* hilft zusätzlich, die Pilze abzutöten. Allerdings ist es wichtig, die gesunde, natürliche Darmflora danach wieder aufzubauen.

Neueste Forschungsergebnisse aus Amerika erklären die radikale Zunahme von Mykosen: Dort wurde nachgewiesen, daß Pilze im Körper durchaus eine Funktion haben. Sie binden Schwermetalle, die belastend und vergiftend wirken. Da niemand sich dieser permanenten Belastung durch die Umwelt entziehen kann, macht der Organismus sich unbewußt bei (fast) jedem die Pilze zunutze, um sich zu schützen.

Demnach sind Pilze auf dem Weg, vom Parasiten zum Symbionten zu werden, das heißt, nicht nur schädigend, sondern auch zu wechselseitigem Nutzen im Darm zu siedeln.

Die neue Therapie-Situation ist noch nicht zu Ende gedacht

Man müßte einen Weg finden, um die Schwermetall-Belastung zu mindern. *Chlorella* ist eine Algenart, die – ähnlich den Pilzen – Schwermetalle bindend wirkt. Wenn es gelingt, diese Algen im Verdauungstrakt gezielt einzusetzen, dann wären die Pilze wieder als reine Parasiten zu bekämpfen und aus dem Darm zu vertreiben. Die Forschung arbeitet daran. Ehe Richtlinien vorliegen, ist es eine Entscheidungsfrage des einzelnen, ob er in erster Linie gegen Pilze oder gegen Schwermetallbelastung vorgehen will.

Darmverschlingung oder großer Darmverschluß (= *Ileus*)

Ileus ist eine Störung der Darmpassage. Er kann mechanisch oder durch eine Lähmung (= paralytisch) hervorgerufen werden. In jedem Fall wird ein Weitertransport des Darminhalts verhindert.

Auslöser für mechanischen Ileus können sein:
- Abschnürung (Strangulation) des Darms von außen
- Eingeweidebrüche (Leisten-, Nabelbruch)
- Verdrehung des Darms
- Verlegung der Darmlichtung
- Tumore
- Fremdkörper
- narbige Veränderungen
- Einstülpungen eines Darmabschnitts

Heftige, wehenartige Leibschmerzen, Erbrechen (teils sogar Kot-Erbrechen), Stuhl und Windverhaltung signalisieren einen Ileus.

Lähmender Ileus entsteht durch:
- diffuse Bauchfellentzündung
- durchbrochene Blinddarmentzündung
- Gallenblasendurchbruch

- Bauchspeicheldrüsenentzündung (Pankreatitis)
- Thrombose der Bauchgefäße
- Blutungen im Bauchraum (durch Unfälle)

Eine schnelle, sichere Diagnose ist äußerst wichtig, da sofortige Einweisung ins Krankenhaus lebensnotwendig ist.

Ob es sich um einen mechanischen oder einen durch Lähmung hervorgerufenen Ileus handelt, wird durch Abhören der Darmgeräusche entschieden. Beim mechanischen Ileus versucht die Peristaltik das Hindernis zu überwinden: Gesteigerte Darmgeräusche sind deutlich wahrnehmbar. Beim paralytischen Ileus dagegen herrscht durch das Ausfallen der gelähmten Peristaltik Totenstille im Darm.

Beide Diagnosen stellen höchste Alarmstufe dar. Niemand sollte hier versuchen, mit Hausmitteln zu einer Lösung zu kommen. Es besteht Lebensgefahr, und nur eine sofortige Operation kann einen Darmverschluß beenden!

Darmkrebs (= *Colon-Karzinom*)

Das Colon-Karzinom ist ein bösartiger Tumor des Dickdarms. In der Häufigkeit der Krebsgeschwüre steht er an dritter Stelle und tritt gehäuft zwischen dem 55. und 70. Lebensjahr auf.

Bei Colitis ulcerosa, chronischer Entzündung des Dickdarms (= *Enteritis regionalis Crohn*) und bei Colon-Polypen, die gutartige Geschwüre (= *Adenome*) bilden, ist immer die Möglichkeit einer Krebsentartung mit zu bedenken, und es sollte vorsorglich daraufhin untersucht werden.

Dazu sind eine Darmspiegelung und die Entnahme einer Gewebeprobe notwendig. Diese wird untersucht, um einen eindeutigen Befund zu erhalten. Eine Röntgenuntersuchung nach Kontrastmitteleinlauf gibt zuvor Auskunft, wo in der

Darmwand bei der Spiegelung genau zu suchen ist. Größere Karzinome sind bereits durch die Bauchdecke von außen tastbar. Für die Diagnose hat sich die vorherige gründliche Darmreinigung durch Colon-Hydro-Therapie sehr bewährt.

Ein Krebsgeschwür kann die Darmlichtung verlegen und zu einem Darmverschluß führen, es kann ein blutendes Geschwür auslösen, kann aber auch in die Darmwand infiltrieren.

Da Darmkrebs erst recht spät zu Beschwerden führt, ist es wichtig, vor allem bei Patienten in fortgeschrittenem Alter, diese Möglichkeit zu bedenken.

Die ersten Symptome sind normalerweise Darmblutungen; rotes Blut, wenn der Tumor nah am Darmausgang sitzt, schwarzes Blut, wenn der Weg zum Ausgang länger ist. Parallel stellen sich meist ungewohnte Darmunregelmäßigkeiten ein, deren plötzliches Auftreten bei älteren Menschen immer verdächtig ist. Die nächsten Anzeichen sind krampfartige Schmerzen im Tumorbereich, Blähungsbildung und ein beginnender oder deutlich vorhandener Darmverschluß.

»Sei gut zu deinem Darm, dann fühlst du dich gut«

Die Gesundheit zu erhalten und körperliches Wohlbefinden zu erreichen, sind das Bestreben eines jeden Menschen. Und jeder sollte Wesentliches selbst dazu beitragen. Das Wissen über Funktion und Störungsmöglichkeiten des Verdauungstrakts ist Voraussetzung, um dem Darm seine lebensnotwendige Arbeit zu erleichtern.

Eine 52jährige Mathematik-Lehrerin hatte zehn Jahre lang unter den täglichen Anforderungen der Schule, des Unterrichts, der Schüler so verkrampft gelitten, daß ihr – aufs Vegetativum reagierendes – Verdauungssystem schließlich schwer gestört war (Maldigestion, Malabsorption, permanente Blähungen und fast immer Verstopfung).

Nach vielen Ärzten und Sanatorien hat erst eine Heilpraktikerin die Zusammenhänge erkannt: Nach einer Colon-Hydro-Therapie und nach grundlegender Kostumstellung verschwanden die Beschwerden, und die Lehrerin konnte wieder entspannt und unbelastet vor ihren Klassen stehen.

»Gut zu seinem Darm« zu sein heißt, neben seine Funktionen zu kennen, auch, ihm seine Arbeit zu erleichtern. Und jeder kann viel für seinen Darm – und damit für sich! – tun.

Risikofaktoren für den Darm

Was gibt es zu essen? Das fängt beim Einkaufen an! Alles sollte frisch sein. Tiefkühlkost ist bei Zeit-Engpässen zu tolerieren, Fertiggerichte jedoch und vor allem Dosen-Kost sollten strikt gemieden werden.

Unsere Nahrungsmittel sollten nie denaturiert sein, das heißt, nicht aus der Raffinerie kommen (= künstlich geweißtes Mehl und weißer Zucker) und nicht künstlich haltbar gemacht (= durch chemische Zusatzstoffe – die erfreulicherweise nach unserer Gesetzgebung auf der Verpackung deklariert sein müssen).

Für jede Mahlzeit sollen zu Hause oder im Büro Obst oder Salat oder Gemüse bereit liegen, so daß sie den Speiseplan nach Geschmack ergänzen.

Und auch den Geschmack kann man erziehen! Wer erst einmal einige Wochen lang jeden Morgen zum Frühstück auf ein Butter-Vollkornbrot Apfelscheiben gelegt hat statt es mit Marmelade zu bestreichen, der wechselt höchstens zu Kiwi, Birne oder, wenn ihm salzig zumute ist, zu Tomate und Rettich. Sehr schnell ist ihm das Übersüße von Marmeladen oder abgefüllten Obstsäften unangenehm.

Ganz wichtig in der Ernährung sind Faser- und Ballaststoffe, die zwar keinen Nährwert haben, die aber gerade durch ihre scheinbare Unbrauchbarkeit den ganzen Körper passieren und mit ihren Faserarmen »wie Besen« reinigen.

Grundsätzlich gilt:

- Brauner Zucker oder Honig (oder notfalls auch Süßstoff) statt weißem Zucker
- Studentenfutter, Nüsse, getrocknete Pflaumen, Aprikosen, Bananenchips, Rosinen statt Pralinen, Bonbons und Schokolade
- Vollkornbrot (gibt es auch in hell) statt Toast oder Feinbrot aus der Brotfabrik
- Kuchen mit Vollkornmehl backen
- Teigwaren und Reis aus vollem Korn (brauchen etwas länger zum Kochen, schmecken aber viel würziger)

- viele Gewürze aller Art, aber wenig Salz
- lieber sauer oder scharf als salzig
- stets Salat, Gemüse oder Obst, immer möglichst frisch
- besser Geflügel- und Lammfleisch als Schweinefleisch
- viel Seefisch (nicht so reichhaltig: Süßwasserfisch)
- viel trinken; zwischen den Mahlzeiten und entgegen der Meinung unserer Eltern auch zum Essen

Ausnahmen sind in Ordnung

Aber alle diese guten Ratschläge bedeuten nicht, daß man auf einem Fest der duftenden Schweinshaxe widerstehen muß. In dem Moment wirkt das Lustprinzip stärker als das Wissen über das Richtige. Und auch die Torte beim nächsten Geburtstagskaffee soll kein schlechtes Gewissen auslösen.

Es geht ums Grundsätzliche, ums Alltägliche, um die Vorbereitung zum Essen, die eben beim Einkaufen beginnt.

Zehn goldene Essensregeln

1. Das Frühstück soll die Hauptmahlzeit des Tages sein.
2. Regelmäßig essen.
3. Alle zwei Stunden kleine Mengen zu sich nehmen.
4. Möglichst nach 18 Uhr ganz fasten.
5. Alle Mahlzeiten stets mit etwas Rohkost (Salat, Obst) kombinieren.
6. Immer in Ruhe speisen.
7. Ganz aufs Essen konzentrieren (also nicht beim Fernsehen oder beim Lesen, schon gar nicht im Stehen in der Küche essen).
8. Langsam und gründlich kauen.

9. Nur so viel essen, wie der Hunger verlangt, nicht der Appetit. Machen Sie mal nach der ersten Portion 20 Minuten Pause, Sie werden sehen, Sie sind satt.
10. Das Auge ißt mit. Also richten Sie sich Ihre Mahlzeiten schön an.

Das sind die Ideal-Forderungen. Sie sind großenteils nicht oder kaum zu erfüllen. Aber man kann sich immer wieder korrigierend daran erinnern. Wer berufstätig ist, paßt die Zeiten seines Essens dem Beruf an. In großen Betrieben gibt es nicht nur übliches (ungesundes) Kantinenessen, sondern inzwischen häufig auch Naturkost oder gar makrobiologisches Essen zur Wahl. Zumindest aber sollten der Apfel und die Wasserflasche auf dem Schreibtisch nie fehlen. Ein Stück Obst in der Tasche ist weit wichtiger als das gewohnte Butterbrot.

Das gilt auch und besonders für Schulkinder. Knäckebrot oder Körner- und Fruchtschnitten schmecken genauso gut wie Schokoladenriegel – was auch immer die Werbung anderes erzählen mag.

Die herzhaften Hauptmahlzeiten sollten auf das Wochenende verlegt werden und nicht abends um acht Uhr nach Feierabend eingenommen werden. Wohlbefinden löst nicht etwa ein voller Bauch aus, sondern ein (und wenn auch noch so kleiner) abendlicher Spaziergang. Jeder Hundebesitzer wird das bestätigen.

Sabbern Sie ruhig mal

Das ausreichende Kauen und damit Einspeicheln der Nahrung ist ein Lernprozeß. Wenn man sich zwingt, einige Wochen daran zu denken, dann übernimmt das Unterbewußtsein sehr bald die Leitung. Es lernt ja gerne, was dem Körper ganz offensichtlich guttut.

Mit »viel trinken« (zwei Liter täglich) ist grundsätzlich jede

Flüssigkeit gemeint. Dazu gehören auch ein Glas Wein oder ein Bier. Cäsar ließ seine Legionen per Befehl täglich einen halben Liter Wein trinken, um sie vor Infektionen zu schützen und bei Laune zu halten.

Mineralwasser ist süßen Säften (besser sind die »ohne Zuckerzusatz«, die gibt's auch im Supermarkt) vorzuziehen. Aber auch Leitungswasser schmeckt fast überall gut. Wichtig ist, daß der Knetarbeit des Darms durch ausreichend Flüssigkeit genug Bewegungsmöglichkeit gegeben wird.

Vorsicht vor Abführmitteln!

Jeder dritte Bundesbürger leidet an Verstopfung, melden die Statistiker. Der Umsatz an Abführmitteln (= *Laxantien*) ist ein wesentliches Standbein der Pharma-Industrie.

Und der Mißbrauch von Abführmitteln ist ein Hauptrisikofaktor für Darmerkrankungen.

Reichliche Flüssigkeitszufuhr und ausreichend Bewegung, genug frische Kost und frische Luft lassen es generell gar nicht zu einer Verstopfung kommen.

In seltenen Fällen von Luft-, Wasser- oder Nahrungsumstellung, von psychischer Belastung und großem Zeitmangel wird akut eine Obstipation (= Verstopfung) ausgelöst, die dann natürlich anzugehen ist. Da reichen meist einige Backpflaumen, ein Glas lauwarmes Wasser am Morgen, ein paar Schluck Eigenurin oder ein roher Apfel als erstes Frühstück.

Und wenn man wirklich zu Abführmitteln greift, dann sollten sie biologisch und nicht chemisch sein und nur kurzfristig und im Notfall genommen werden. Denn ein stockender Darm wird durch Abführmittel nur scheinbar belebt, tatsächlich wird er immer träger, immer »verstockter«. Dann braucht er in immer kürzeren Abständen immer höhere Dosierungen – ein Teufelskreis, an dessen Ende eine besorgniserregende Darmerkrankung stehen kann.

Genußmittel – manchmal auch das »richtige« Reizmittel

Eine ältere Dame hatte nach dem plötzlichen Tod ihres Mannes Probleme mit der Verdauung. Ihre Situation »lag ihr im Magen«, sie konnte sie buchstäblich »nicht verdauen«. Es stellte sich immer wieder Verstopfung ein. Durch Zufall bemerkte sie, daß ein Glas Sekt am Vormittag ihre Verdauung bestens in Gang und ihr seelische Gleichgewicht wieder ins Lot brachte.

Ein Geschäftsmann aus Hannover hat, der immer unter Zeit- und Leistungsdruck steht, eigentlich nicht mal die Zeit, zur Toilette zu gehen. In Ruhephasen ist er genüßlicher Pfeifenraucher. Sein Körper hat beides umgesetzt: Wenn er seine Pfeife ansteckt, meldet sich sein Darm. Durch die Pfeife zwingt er sich zu der kleinen Pause, die der Darm für seine Entleerung in Ruhe benötigt. Er »braucht« also nach dem Frühstück seine Pfeife.

Mit diesen Beispielen soll weder dem Alkohol noch dem Rauchen das Wort geredet werden. Rauchen ist zweifelsfrei ungesund, Zigarettenrauchen vor allem. Aber es stimmt, daß die Reizstoffe des Nikotins die Darmarbeit anregen, die Stuhlentleerung fördern. Bei einer Raucher-Entwöhnung treten als Nebenerscheinungen depressive oder aggressive Verstimmung, Freßlust, aber eben auch Verdauungsstörungen auf. Es ist ein harter Weg des Entzugs. Doch die Gesundheit, das Wohlbefinden danken es dem neuen Nichtraucher letztlich.

Fast das gleiche gilt für Alkohol. Für einen Alkoholiker ist er Gift, das Körper und Persönlichkeit zersetzt. In bescheiden-genüßlichem Maß genossen, wirkt er durchaus belebend auf Körper und Seele. Wobei Rotwein eher stopfend, Weißwein meist etwas magengefährdend, aber darmneutral und Sekt abführend wirken.

Was dem Pfeifenraucher die qualmende Ruhepause, das ist

dem Kaffeetrinker der aufsteigende Duft heißen Kaffees. Bei sehr vielen löst erst der gewohnte Frühstückskaffee morgens Ausscheidungsdrang aus. Einen nachweislichen medizinischen Grund dafür gibt es nicht.

»Halt den Darm warm«

Dieser Volksspruch bezieht auf das Verdauungsorgan, was jeder Sportler längst weiß: Man muß sich aufwärmen, bevor man Leistung bringen will. Jedem ist bekannt, daß Muskeln bewegt werden müssen, wenn sie nicht verkümmern sollen, und daß sie sich nur gut bewegen können, wenn sie warm sind.

Auch die Arbeit des Darms ist von Muskeln abhängig. Längs- und Ringmuskeln sorgen entlang des gesamten Verdauungstrakts für ununterbrochene Kontraktionen, so daß der Speisebrei durch die fast zehn Meter lange Verdauungsstrecke geschoben wird. Durch diese Bewegung wird erreicht, daß eine möglichst große Fläche der Darmwände Gelegenheit bekommt, die notwendigen Körperbausteine aufzunehmen.

Auch diese Darmmuskeln brauchen Wärme zum Arbeiten. Das ist einer der Gründe, warum der Körper dafür sorgt, daß die Temperatur in seinem Innern ein Leben lang konstant bei etwa 37 Grad C gehalten wird. Untertemperatur verlangsamt alle Funktionen, schläfert die Lebensarbeit ein. Auch Übertemperatur, also Fieber, lähmt die normalen Funktionen. Bei Fieber ist der Körper intensiv mit seinen Kräften mit der Arbeit der Abwehr einer Krankheit beschäftigt. Alle notwendigen Körperfunktionen werden auf Sparflamme gehalten, man fühlt sich schwach und schlapp und gehört ins Bett.

Aber auch jenseits von störungsbedingten, inneren Temperaturschwankungen reagiert der Darm auf warm und kalt. Es kommt kaum vor, daß jemand, der frierend auf einen Skilift wartet, plötzlich Stuhldrang empfindet. Am Strand bei hochsommerlichen Temperaturen ist man im Zweifelsfalle durchaus froh, wenn eine Toilette erreichbar ist.

Sage mir, was du ißt, ich sage dir, wer du bist

Was, wann, wie gegessen wird, bedingt die schlechte oder gute Arbeit des Darms. Fühlt der Darm sich wohl, dann fühlt der Mensch sich wohl, unbelastet und kräftig. Ist ein Teil seiner Kräfte nach innen gerichtet, um mit Problemen der Verdauung fertig zu werden, dann fehlt es nach außen an dieser Lebenskraft: Man fühlt sich müde und erschöpft.

Störungen in der Arbeit des Darms können Gärung und Fäulnis zur Folge haben und Gifte freisetzen. Wenn der Darm überlastet ist, weil das Essen ihn in zu großen Happen erreicht hat oder er überfüllt worden ist, ermüdet und erschlafft er: Zurückbleibende Substanzen lagern sich an den Darmwänden ab, gären und faulen und behindern dadurch die normale Verdauung.

Über 50 verschiedene Gifte im Darm

Ein bekannter Chirurg sagte mal: »Bei 20000 Operationen im Bauchbereich, die ich mitgemacht oder durchgeführt habe, fand ich nur bei 6 Prozent der Patienten einen normalen Darm vor.« Und tatsächlich: Viele Röntgenbilder zeigen einen verdrehten, geknickten oder erschlafften »Zivilisations-Darm«, der seiner Arbeit nicht mehr vollkommen gewachsen ist.

Diese Störungen machen den Darm zu einem riesigen Infektionsherd, voller krankmachender Bakterien, die aus der schlecht verdauten Nahrung permanent Fäulnis- und Gärgifte (= *Toxine*) freisetzen. Diese können in den Körper eindringen, Leber und Niere – als Entgiftungsstationen – be- und überlasten und das Immunsystem so überbeanspruchen, daß es geschwächt wird. Diese Gifte, die über den Kreislauf unseren gesamten Körper erreichen können, stehen im Verdacht, Allergien auszulösen, Kopfschmerzen zu verursachen, Rheuma oder Hautekzeme zur Folge zu haben.

Allergien sind in einem fatalen Teufelskreis eingebunden: Fäulnisgifte entstehen durch bakterielle Zersetzung von schlecht verdautem Einweiß. Ursache ist meist die Überernährung mit Eiweiß (= Fleisch, Eier). 50 verschiedene solcher Fäulnisgifte sind im Verdauungstrakt bekannt.

Histamin ist die körpereigene Substanz, die bei allergischen Reaktionen des Immunsystems überall im Körper freigesetzt wird. Sie kann schwere Schäden gegen den Körper anrichten. Neueste Forschungen haben erwiesen, daß Fäulnisgifte den Abbau von Histamin im Körper verzögern. Damit verlängern und verstärken sie deren schädliche Wirkungen – ein gefährlicher Mechanismus.

Auch Parasiten (Würmer, Pilze) produzieren durch ihren eigenen Stoffwechsel im Darm Gifte. Dringen diese Stoffe durch die Darmwand in den Kreislauf ein, werden sie zur schweren Belastung für den Organismus: Leber, Niere und Immunsystem sind über die Maßen gefordert. Wird der Körper mit dieser schleichenden Vergiftung (= *Intoxikation*) nicht fertig, manifestiert sich das als Ermüdung, Schlappheit, Kraftlosigkeit oder als ernsthafte Krankheit, wie oben beschrieben.

Und die Seele leidet mit

Wer aber ständig – ohne eigentlich »krank« zu sein – kraftlos ist und sieht, wie andere leistungsstark neben ihm leben, der wird leicht mißmutig und schlecht gelaunt.

Je nach Temperament folgt Aggressivität. Wer sich schlecht fühlt, ist reizbar, ärgert sich leicht, sucht unbewußt in seinem Umfeld einen Sündenbock, an dem er seinen Mißmut auslassen kann. Man kennt die verbissen schmalen Lippen und hageren Falten in den Gesichtern von Magenkranken, kennt die polternde Unzufriedenheit von »aufgeblähten« Typen, denen man nichts recht machen kann.

Das Funktionieren des Darms bestimmt zum großen Teil das Erscheinungsbild eines Menschen, bestimmt sein seelisches Wohlbefinden, seine geistige Arbeitskraft, seine ganze Persönlichkeit.

Dazu kommt für den Betroffenen die Angst. Wohin führt ein Kreislauf von Verstopfung, Abführmitteln, hartnäckigerer Verstopfung, noch mehr Abführmitteln? Was kann sich aus stets blutenden Hämorrhoiden entwickeln? Wann sind Krämpfe im Bauch eine Störung, wann eine Erkrankung, wann noch Schlimmeres?

Angst ist ein schlechter Berater. Man spricht von »self-fullfilling prophecy« (= sich selbst erfüllende Prophezeiung). Das bedeutet, daß allein der Gedanke, die eigenen Beschwerden könnten eine schlimmere Ursache haben, schon dazu führen kann, daß der Mensch krank wird. Da die Verdauung nicht nur deutlich aufs Gemüt zurückwirkt, sondern die seelische Verfassung auch Einfluß auf die Arbeit des Verdauungstrakts hat (= *Psychosomatik*), ist es wichtig, über diese Probleme mit einem Arzt, Therapeuten oder Heilpraktiker offen zu reden.

Störungen des Verdauungstrakts sind aber nicht nur Sache eines medizinisch ausgebildeten Therapeuten. Der Patient muß ganz und gar umlernen. Kummer, Ärger, Ängste, Unsicherheit, Zorn müssen endlich offen mit der Familie, mit Freunden oder auch mit dem Chef besprochen werden, bevor sie nach innen schlagen und zum Auslöser einer Verdauungsstörung werden können. Nichts darf im Magen liegen bleiben. Das soll Sie aber nicht dazu verführen, Ihrer Wut permanent freien Lauf zu lassen. Eine ruhige Kritik, diplomatisch geäußert, hilft Ihrer Gesundheit und ist ganz sicher wirkungsvoller als wutentbranntes Gebrüll.

Die Revolution für den Darm: die Colon-Hydro-Therapie

Aus den USA kam vor einigen Jahren eine neue Form der Darmtherapie, die mit ihren Möglichkeiten revolutionär wirkt: die Colon-Hydro-Therapie (= Darm-Wasser-Behandlung).

Seit dem Altertum, in der ägyptischen und griechischen Medizin, seit im Mittelalter Bader von Dorf zu Dorf zogen, gehören der Aderlaß und das Klistier (= Einlauf) zu den gebräuchlichsten Behandlungsmethoden gegen alle möglichen Erkrankungen.

Durch die Mediziner des alten Ägypten wird eine »Einblas-Methode« überliefert, die von dem Gott Osiris selbst stammen soll. Der Titel eines hohen Würdenträgers am ägyptischen Hof war »Hirt des Afters des Pharao«, was den Stellenwert der Darmpflege belegt. Und die Römer verehrten einen »Gott der Darmwinde« mit dem Namen Creptius.

Eine historische Therapie-Beschreibung ist im Evangelium der Essener nachzulesen. Es heißt dort:

»Darum sucht einen großen Rank-Kürbis mit einer Ranke von der Länge eines Mannes; nehmt sein Mark aus und füllt ihn mit dem Wasser des Flusses, das die Sonne erwärmte. Hängt ihn an den Ast eines Baumes und kniet auf dem Boden vor dem Engel des Wassers. Führt sodann das Ende der Ranke in euer Hinterteil ein, damit das Wasser durch alle eure Eingeweide laufen kann. Laßt das Wasser dann aus eurem Körper fließen, damit es aus dem Innern alle unreinen und stinkenden Stoffe des Satans wegspült. Und ihr werdet mit euren Augen sehen und mit eurer Nase all die Abscheulichkeiten und Unreinheiten riechen, die den Tempel eures Körpers beschmutzen.«

Fast jeder erinnert sich aus der Kindheit an die Prozedur eines Einlaufs. In der Kinderheilkunde wird auch heute noch gern ein Klistier verordnet zur Behebung von Verdauungsproblemen, wenn man versucht, auf Medikamente zu verzichten. Einerseits wird durch das Einfüllen von Wasser in den Enddarm (mit oder ohne Zusätze) Stuhldrang ausgelöst, andrerseits wirkt das Klistier reinigend, entschlackend.

Das Problem aber ist, daß das Klistier stets nur das letzte Stück Darm erreicht. Es kann zwar durch seinen Entleerungsreiz die gesamte Peristaltik anregen und kleinere Störungen durchaus beheben. Aber die begleitenden Krämpfe und plötzlichen Entleerungsängste sind lästig. Außerdem werden weiter oben im Darm sitzende Schlacken, Verkrustungen, Kotreste oder Schadstoffe nicht erreicht. Die neue Therapie schafft das!

Achtung! Gegenanzeigen

Zu Beginn sei betont: Das Verfahren eignet sich für sehr viele Darmstörungen und Erkrankungen, aber nicht für alle. Akute Entzündungszustände des Darms wie

- Divertikulitis,
- Colitis ulcerosa,
- chronische Darmentzündung (Enteritis regionalis Crohn),
- offene Hämorrhoiden

verbieten eine Anwendung dieser Methode. Denn wo im Darm offene Wunden sind, darf ein eventueller Durchtritt in die Blutbahn nicht gefördert oder ausgelöst werden. In allen anderen Fällen ist die Hydro-Therapie sowohl für die Diagnostik als auch für die Therapie oder Vorbereitung von Spiegelungen oder Operationen ein Gewinn.

Kontraindiziert ist die Colon-Hydro-Therapie also bei allen entzündlichen und blutenden Prozessen im Darmbereich. Während Divertikel durchaus mit dieser Behandlung angegangen werden können, verbietet sie sich bei einer Divertikulitis!

Weitere Gegenanzeigen sind:
- schwere Herzerkrankung
- erweiterte Blutgefäße im Gehirn (= *Aneurysma*)
- fortgeschrittene Schwangerschaft
- frische Colon-Operation

Bei Kindern dürfen keine zu großen Wassermengen den Darm durchspülen, da ein eventueller Elektrolytverlust bedacht werden muß. Ansonsten reagieren Kinder auf die Darmsanierung viel weniger panisch als auf einen normalen Einlauf mit seinen Krämpfen und Schmerzen.

Wie funktioniert die Colon-Hydro-Therapie?

Das Colon, der Dickdarm, wird mit Wasser therapiert, indem der ganze Dickdarm – nicht nur das letzte Stück – mit entsprechend temperiertem Wasser gespült und gereinigt wird mit dem Ziel, ihn von festsitzenden Stuhlmassen, Kotsteinen, Gasen, Zersetzungsprodukten und damit Giftstoffen zu befreien, die sonst den ganzen Organismus über den Darm hinaus belasten.

Überall wird von Umweltvergiftung gesprochen und geschrieben. Aber jeder einzelne ist Teil dieser Umwelt. Zuwenig ist uns bewußt, daß Umweltvergiftung auch Innenweltvergiftung des einzelnen ist. Wir atmen ungesunde Luft und nehmen mit Wasser und Nahrung ununterbrochen Schadstoffe auf, die unseren Organismus belasten und langsam vergiften. Selbst wenn wir versuchen, uns möglichst gesund zu ernähren.

Über das Verdauungssystem ist unsere Innenwelt tagtäglich mit der äußeren Umwelt verbunden, durch sie belastet und oft überfordert. Die Colon-Hydro-Therapie ist eine zeitgemäße Entlastung.

Sie brauchen einen Therapeuten

Die Behandlung ist nur in einer Praxis möglich. Gebraucht wird ein spezielles Gerät. Und vor allem gehört ein erfahrener, ruhiger Therapeut dazu, denn diese Behandlung ist ein wenig unangenehm. Jeder, der schon mal einen Einlauf erhalten hat, kennt die Nebenwirkung und kann sich leicht vorstellen, daß eine komplette Grundreinigung des Darms ohne jegliche Belästigungen (Schmerzen, Geruch, Geräusche) nicht möglich ist. Es gilt also vor allem, den Patienten zu entspannen.

Das geniale Gerät

Inzwischen produzieren auch mehrere deutsche Hersteller das Gerät für die Colon-Hydro-Therapie. Es wird in der Praxis fest an Wasserzufluß und -ablauf installiert, ist leicht von einem Therapeuten zu bedienen. Ausgestattet mit Kalt- und Warmwasserfiltern wird es mit einfachen Armaturen bedient, die Temperatur, Wassermenge und Druck ständig kontrollieren.

Es gibt keine Blei-Lötstellen, alle Anschlüsse sind körper- und umweltfreundlich aus Messing oder Bronze hergestellt.

Jetzt geht es los: die Behandlung

Der Patient wird auf einer Liege in bequeme Seitenlage gebracht, das obere Bein vor die Brust hochgezogen. Der Therapeut führt behutsam das leicht eingefettete *Spekulum* durch den After in den Enddarm ein. Das ist ein etwa 20 cm langes Plastikröhrchen (Einmalgebrauch), das etwa sechs bis zehn Zentimeter im Darm verschwindet.

Dreht der Patient sich nun wieder in entspannte Rückenlage, wird das freie Ende des Spekulums über einen Schlauch mit dem Gerät verbunden und mit einem Pflasterstreifen auf der Unterlage befestigt, damit es nicht verrutschen kann.

Mit dem langsamen Zulaufenlassen von Wasser in gewünschter Temperatur beginnt die Behandlung.

Durch ein Sichtfenster am Gerät kann das rückfließende Wasser mit dem gelösten Darminhalt beurteilt werden. An einem Ventil können auch jederzeit Proben entnommen werden, um sie labortechnisch zu untersuchen. Oft werden Nahrungsreste ausgespült, die nachweislich zuletzt vor Wochen, ja Monaten gegessen worden sind.

Sehr oft – vor allem bei älteren Patienten – sind Kotsteine zu beobachten, die in ihrer Konsistenz gar nicht mehr auflösbar gewesen wären.

Eine Patienten-Erfahrung

Ein älterer Herr, der seit Jahren über Roemheld-Syndrom klagte und durch seinen Zwerchfellhochstand immer ärgerem Druck gegen die Herzspitze ausgesetzt war, hatte große Schwierigkeiten, in eine Colon-Hydro-Therapie einzuwilligen. Er gehörte zu den peniblen, gepflegten, zurückhaltenden Menschen, für die Probleme des Darms »unaussprechlich« sind und die bei Bauchrumoren oder Gasbildung in Gesellschaft anderer Höllenqualen leiden.

Nachdem sein Heilpraktiker in vielen Gesprächen ganz langsam ein Vertrauensverhältnis zu diesem Mann aufgebaut hatte, willigte er schließlich in die Therapie ein.

Der völlig geruchlose, saubere Ablauf der Behandlung, ohne Wasser- oder gar sonstige Flecken zu hinterlassen, war für den Patienten überraschend und nicht unangenehm. Da sich kein Ziehen, kein krampfhafter Stuhldrang, keinerlei Schmerz während der Behandlung einstellten, konnte der Mann entspannen. Und er war fassungslos zu sehen, welchen »Mist« sein Darm freigab.

Er willigte in sieben weitere Behandlungen ein und sagt heute selbst, er sei seitdem ein »neuer Mensch«.

Was geschieht bei der Colon-Hydro-Therapie?

Der Therapeut läßt über das Spekulum langsam und behutsam Wasser in den Darm ein. Die Wassertemperatur kann beliebig zwischen 20 und 40 Grad C variieren, so daß der Temperaturwechsel »à la Kneipp« einen zusätzlichen Reiz auf die Darmmuskulatur, die Peristaltik, ausübt.

Der Druck ist so gering, daß der Patient ihn kaum wahrnimmt. Über ein geschlossenes System werden das Wasser und der gelöste Darminhalt durch einen Abflußschlauch zurückgeleitet und verschwinden in der Kanalisation.

Mit einer gezielten, sanften Bauchdeckenmassage ertastet der Therapeuten Problemzonen. Durch Streichen, Schieben oder Kneten löst er Verhärtungen von den Darmwänden. Es ist ein Be-HAND-eln und keine anonyme Therapie über eine Maschine.

Das Variieren der Wassertemperatur führt zu verschiedenen Effekten:

- Warmes Wasser löst Verspannungen und Krämpfe (= *Spasmen*), während kühleres Wasser erlahmende Darmabschnitte wieder anregt (= *tonisiert*).
- Wo sich in der Darmschleimhaut eventuell *Ödeme* (= Wasseransammlungen) gebildet haben, kommt es durch kräftige Kontraktionen der Peristaltik zum Abschwellen.

- Durch die ausgelöste Reinigung, die über den gesamten Dickdarmbereich wirkt, werden überblähte Darmschlingen normalisiert. Ein eventueller Zwerchfellhochstand wird ausgeglichen, und mit dem nachlassenden Druck gegen die Herzspitze verschwinden auch dadurch ausgelöste Herzsensationen und die damit verbundenen Ängste.

Manchmal wird so die Colon-Hydro-Therapie zur Behandlung, Besserung oder gar Heilung eines zu hohen Blutdrucks (*Hypertonie*) oder eines zu schnellen Herzschlages (*Tachykardie*), so daß schwere chemische Medikamente überflüssig werden, die vorher jahrelang regelmäßig eingenommen wurden.

Seit Jahren verstopft – eine Patientin erzählt

Eine 36jährige Außendienst-Kauffrau, die berufsbedingt nie Zeit für ihren Darm und dessen Bedürfnisse hatte und die sich an immer höhere Dosen von Abführmitteln gewöhnt hatte, um den Darm überhaupt alle zwei Wochen mal zu entleeren, kam irritiert und leicht geängstigt in die Praxis. Sie gab an, ihr Bauch sei dick aufgebläht, hart und »wie tot«.

Da mit dem Stethoskop noch ganz leichte Darmgeräusche zu hören waren, bestand jedoch keine Gefahr eines völligen Darmverschlusses (= *Ileus*).

Vorsichtig und langsam wurde nun eine Colon-Hydro-Therapie begonnen. Erst bei der zweiten Behandlung lösten behutsame Massage und die Wirkung des Wassers mit der wechselnden Temperaturreizung die darmeigene Motorik wieder aus. Der angesammelte und festsitzende Darminhalt wurde endlich weiterbefördert.

Beim Abfließen erkannte die Patientin unverdaute Stücke von rotem Paprika wieder, den sie seit mindestens zwei Monaten nicht gegessen hatte.

Erst die Colonmassage bewirkt echte Therapie

Hat ein Patient sich erst einmal über die peinliche Hemmschwelle hinweggesetzt und auf die Darm-Wasser-Therapie eingelassen, dann ist er meist bewußt oder unbewußt dankbar für die Anwesenheit des Therapeuten an seiner Seite. Es entsteht ein ganz persönliches intimes Verhältnis.

In den meisten Praxen wird versucht, eine Frau durch eine Frau, einen Mann durch einen Therapeuten behandeln zu lassen. Jedenfalls beim erstenmal erleichtert das erfahrungsgemäß das Finden einer beidseitigen Vertrauensbasis.

Der Behandler sitzt an der Seite des Patienten. Nachdem er in großer Ruhe die Armaturen bedient hat, massieren seine Hände die Bauchdecke. Dabei ahmen sie anfangs die Arbeit der Peristaltik nach, indem sie im Uhrzeigersinn entlang dem Dickdarm leichten Druck ausüben. Diese eindrückenden Kreise werden spiralförmig auf den Nabel zu immer kleiner.

Dann wird die ganze Bauchmasse von der einen zur anderen Seite hin- und hergeschoben oder in der Mitte um den Nabel herum halbkugelig zusammengedrückt.

Die ganze Zeit berichtet der Patient, was er empfindet und wie er sich fühlt, so daß die Hände des Behandlers schon auf kleinstes Mißempfinden reagieren können.

Mit dieser Bauchdeckenmassage wird das eingelaufene Wasser durch den ganzen Darmbereich geknetet und kann gezielt da lösen und entschlacken, wo der Behandler Widerstand, Verhärtungen oder Schwellung ertastet.

Die Massage wird abwechselnd in verschiedener Technik angesetzt: mal flach streichend, mal punktuell tief ins weiche Gewebe greifend. Mal wird der Darm unter der Bauchhaut verschoben, mal zusammengedrängt, je nachdem, was im Inneren erreicht werden soll. Manchmal wird auch die Bauchdecke als Reflexzone fast nur gestreichelt oder mit einem harten Gegenstand (zum Beispiel Kugelschreiber) leicht angekratzt.

Dieses Kratzen auf der Bauchhaut (= *Scratch-Test*) wird auch diagnostisch genutzt. Der Zustand des Darms steht in direktem Zusammenhang mit der Haut. Auf ihr lassen sich Aussagen ablesen über Festigkeit, Fettigkeit und Durchblutung.

Der Verschlackungsgrad des Darms wird zusätzlich durch den Kratz-Test festgestellt: Man ritzt die Haut einmal pro Sekunde an und wartet auf eine Rötung als Reaktion auf dieses Ritzen. Je später sie einsetzt, desto höher der Verschlackungsgrad.

Die Therapie-Liege wird zur Psycho-Couch

Eine Stunde Darm-Wasser-Therapie unter den ruhigen Händen eines Therapeuten wirkt oft – das bestätigen viele Patienten – wie eine Stunde »auf der Couch« eines Psychiaters. Es werden Blockaden gelöst, nicht nur im Verdauungstrakt, sondern bis ins Persönliche, ja bis in die Seele hinein, zuweilen sogar bis ins Unterbewußtsein.

Einstimmig berichten alle Patienten, daß sie – wenn auch manchmal nach ersten Hemmungen – diese Darmtherapie als äußerst wohltuend empfunden haben und unbedingt in geeigneten Abständen wiederholen wollen.

Auch der Kummer wird weggespült

Eine 47jährige Frau, verheiratet, kinderlos, erfolgreich im Beruf, unterzog sich während einer allgemeinen Entschlackungs- und Regenerationskur der Colon-Hydro-Therapie. Zuerst stokkend, dann immer fließender kam sie mit der Therapeutin ins Gespräch.

Und während sich aus ihrem Darm eingekrampfte Kotsteine lösten, brach es auch aus ihrer Seele heraus. Alles löste sich, begann zu fließen. In einem schluchzenden Monolog erzählte die Frau von einer Abtreibung vor 30 Jahren, woraufhin sie keine Kinder mehr bekommen konnte, von ihrer Flucht in den beruflichen Erfolg, von ihrer gescheiterten Ehe, nachdem der Mann von seiner Geliebten ein Kind bekam. Das alles hatte sich in ihr verhärtet, hatte sie verhärtet. Am meisten erstaunt war die Patientin, daß sie weinen konnte, was sie seit über zehn Jahren nicht mehr erlebt hatte.

Sehr oft fließen während der Colon-Hydro-Therapie Tränen (und das nicht wegen körperlicher Schmerzen). Da wird die Behandlung ungewollt und unbewußt zur Psychotherapie. Den Darm loslassen heißt: sich loslassen. Den Bauch entspannen heißt: sich entspannen. Die Schlacken des Körpers gehen lassen heißt: sich gehen lassen.

Wer sich um den Darm kümmert, tut etwas für sich selbst

Ein 38jähriger Mann, der die Colon-Hydro-Therapie »eigentlich nur mal ausprobieren« wollte, war so begeistert von der »Leichtigkeit und Lebensfreude«, die eine Therapiestunde bei ihm auslöste, daß er gern sein ganzes phlegmatisches Temperament durchspülen lassen wollte. Tatsächlich stellte sich bei ihm nach einigen Therapie-Sitzungen ungeahnter Unternehmungsgeist ein. Er berichtete, daß er von Familie und Freunden »kaum wiedererkannt« worden sei.

Das ist es, was die Patienten als so wohltuend und angenehm empfinden:

- Für die Behandlungsdauer von einer Stunde ganz auf sich selbst konzentriert zu sein;
- in dieser Zeit für nichts und niemanden verantwortlich zu sein;
- aus jedem Anspruch von außen auszusteigen und
- sich nur nach innen zu konzentrieren.

Sauerstoff hilft beim Wiederaufbau

Gegen Ende einer Wassertherapie des Dickdarms perlt für zehn Minuten mit dem Wasser Sauerstoff in hoher Menge in den Darm. Dieser Sauerstoff tötet noch vorhandene Bakterien, die dort nicht hingehören, ab und schafft den »guten« Darmbakterien Lebensraum. Dadurch bessern sich ganz schnell die Bedingungen für die darmeigene Herstellung von Vitaminen (Biotin, Folsäure, Vitamin K) und für das dem Darm innewohnende Immunsystem, die Lymphplatten der *Peyerschen Plaques.*

Bei jeder Behandlung, die etwa eine Stunde dauert, läuft frisches Wasser etwa 20–30mal in den Darm und fließt wieder ab. Am Schluß können dem letzten Wasser mit dem Sauerstoff auch Medikamente zugesetzt werden, die auf diesem Wege schnell die Darmwand erreichen, von der aus sie in die Blutbahn wechseln und so dem Körper zugeführt werden.

Besonders Heilpraktiker arbeiten gern mit der Möglichkeit, auf diesem Wege homöopathische Mittel gegen Störungen einzusetzen.

Beobachtungen von Patienten

Alle Patienten berichten übereinstimmend von deutlichem Wohlbefinden, sowohl während der Behandlung als auch zwischen den einzelnen Behandlungstagen und nach der ganzen Kur, die mindestens drei bis höchstens zehn Sitzungen umfassen sollte. Leichtigkeit und Unbeschwertheit reichen vom körperlichen Empfinden bis ins Seelisch-Geistige. Ein jüngerer Patient verglich die »Entleerungsbefriedigung« mit dem Gefühl nach einem Orgasmus.

Übereinstimmend wird auch angegeben, daß bis zu acht Stunden nach der Therapie überhaupt kein Hungergefühl entstünde. Der Gedanke an Nahrungsaufnahme löst keinerlei Appetit, kein Lustgefühl auf Essen aus.

Eine Patientin in den Wechseljahren kam mit Verdauungsbeschwerden in die Praxis, die sich erst in jüngster Zeit eingestellt hatten. Schon bei der ersten Besprechung wurde ein starker schlechter Mundgeruch bemerkt. Schon nach der ersten Darmsanierungs-Behandlung war der unangenehme Geruch verschwunden, zusammen mit ihren Blähungen und Bauchschmerzen. Offensichtlich hatte eine Resorption von Gasen im Dickdarm stattgefunden, die dann über die Lunge abgeatmet wurden.

Eine andere Patientin legte nach ersten Erfahrungen den Termin ihrer Colon-Therapie unmittelbar vor ihre allwöchentliche Gymnastikstunde. Sie fühlte sich nach der Darmbehandlung so bewegungshungrig, daß sie gern motorisch gefordert werden wollte.

Ein Mann, Übersetzer von Beruf, berichtete dagegen, daß er nie so gut, so schnell und konzentriert arbeitete wie nach einer solchen Darm-Therapie.

Noch ein erstaunlicheres Beispiel: Ein schwedischer Meisterschwimmer hatte von der Darmsanierung durch Hydrotherapie gehört. Er setzte gezielt fünf Therapiestunden in den Ablauf von zwei Wochen und versuchte unmittelbar nach dem fünften Mal, einen neuen Rekord zu schwimmen. Es gelang! Vorher hatte er ein Jahr lang vergebens dafür trainiert.

Die Colon-Hydro-Therapie ist nur ein Anfang

Wichtig ist die Feststellung, daß durch die Spülung keine Änderung der Darmflora eintritt. Es muß also nach einer solchen Behandlungsserie nicht die natürliche, notwendige Darmbesiedlung wieder aufgebaut werden wie zum Beispiel nach einer medikamentösen Pilztherapie.

Hartnäckige Verstopfungen, auch der Kreislauf von jahrelanger Verstopfung im Wechsel mit Abführmitteln, werden aufgebrochen. Dabei steht die Darmentleerung am Anfang eines längerwierigen Prozesses der Darmsanierung über richtiges Essen, Ausschalten von Risikofaktoren (Zeitmangel, Essen zu verkehrter Zeit, zu wenig trinken) bis hin zu dem Bewußtsein: Sei gut zu deinem Darm!

Schon nach dreimaliger Behandlung ist eine Gewichtsreduktion von drei bis fünf Kilogramm üblich. Aber die Colon-Hydro-Therapie ist keine Behandlung mit dem Ziel abzunehmen. Dies ist ein Nebeneffekt der tiefgreifenden Entschlakkung.

Neu: Internistische Praxen und Krankenhäuser übernehmen die Colon-Hydro-Therapie

Während zuerst hauptsächlich Heilpraktiker und naturheilkundlich arbeitende Ärzte diese neue Therapiemöglichkeit nutzten, werden die Geräte inzwischen immer mehr in Kliniken und bei Internisten installiert.

Die gründliche Darmreinigung durch Wasser ist eine bisher

unübertroffene Möglichkeit, um einen Patienten auf eine Darmspiegelung (= *Coloskopie*) oder eine Darmoperation vorzubereiten. Es entfallen Abführmittel, Einläufe und Darmübungen, die für den erkrankten Patienten belastend sind, während die Hydro-Therapie angenehm ist und nur eine Stunde dauert. Ohne Beschwerden für den Patienten läßt sich – unabhängig von der Tageszeit und den Mahlzeiten – eine garantierte Colonsäuberung erreichen.

Durch Blutproben vor und nach einer Darmsanierung mit Wasser wurde im Labor zweifelsfrei festgestellt, daß durch die Wasserresorption (= Wasseraufnahme) im Darm eine wünschenswerte Blutverdünnung stattfindet, womit nachfolgend eine Verbesserung der Viskosität angenommen werden kann.

Die Durchblutung der feinsten Gefäßverästelungen (= Mikrozirkulation) wird angeregt, die Versorgung der Körperperipherie mit Sauerstoff dadurch verbessert.

Die erhöhte Sauerstoffversorgung resultiert auch aus der Sauerstoffzufuhr während der letzten zehn Spül-Minuten, da dieser durch die Darmschleimhaut in die Blutbahn dringen kann. Auch das allgemein subjektiv geschilderte Wohlbefinden und die Aktivität der Patienten lassen sich mit diesem Sauerstoffanstieg erklären.

Colon-Hydro-Therapie vor dem Entzug

Bei Abhängigkeit von Drogen und einem angestrebten Entzug ist die Colon-Hydro-Therapie eine sehr hilfreiche Begleitmöglichkeit.

Ein 40jähriger Patient, der Kettenraucher gewesen war, erlitt einen Herzinfarkt. Nach diesem Warnschuß begann er – unter therapeutischer Anleitung – sein ganzes Leben neu zu ordnen. Mit Hilfe von Dauer-Akupunktur-Nadeln wurde er Nichtraucher. Um sein Übergewicht zu reduzieren und damit den hohen Blutdruck zu mindern, machte er ein Vierteljahr später eine dreiwöchige Fastenkur in einem Sanatorium.

Dort setzte man auch die Darmsanierung ein. Während der ersten Behandlung breitete sich im Raum deutlich Zigarettengeruch aus. Der Patient hatte seit drei Monaten nicht geraucht, aber die Behandlung löste erst jetzt die festsitzenden Gifte in seinem Körper.

Gleichgültig ob man an Raucherentwöhnung oder Drogenentzug arbeitet oder ob es darum geht, daß ein Alkoholiker trocken werden will: Jeder Entzug wird positiv unterstützt durch die entschlackende völlige Darmreinigung mit dieser Sanierung durch Wasser. Die Spülung löst festsitzende Toxine (= Gifte) aus dem Darm, wirkt befreiend bis in das Freiwerden von der Sucht hinein.

Die Faustregeln für die Colon-Hydro-Therapie

Die Colon-Hydro-Therapie hilft direkt:

- bei chronischen Blähungen, Flatulenz, Meteorismus
- bei chronischer Verstopfung
- zum Entschlacken
- beim Fasten begleitend
- zur Darmdiagnose
- vorbereitend zur Darmoperation
- bei Divertikeln
- bei nicht entzündlichen Durchfallerkrankungen
- bei Mykosen (= Pilzbefall)
- bei Würmern
- bei Bauchkrämpfen
- bei nicht blutenden Hämorrhoiden
- den Sucht-Entzug begleitend

Indirekt kann die Darmsanierung helfen bei:

- Rheuma
- allergischen Erkrankungen
- Depressionen, schlechter Laune
- Kopfschmerzen bis hin zur Migräne
- Asthma bronchiale
- Leberentgiftung (= -entlastung)
- Hauterkrankungen
- schlechtem Mundgeruch

Gegenanzeigen sind

- Entzündungszustände im Darmbereich
- frische Narben
- blutende oder sehr starke Hämorrhoiden
- schwere Herzerkrankung
- erweiterte Blutgefäße im Gehirn (= *Aneurysma*)
- Schwangerschaft

Der nächste Schritt: Dauerhaft abnehmen

Übergewichtige im Diäten-Wahn

»Der Mensch ißt zuviel; er lebt von einem Viertel dessen, was er verzehrt, von den restlichen drei Vierteln leben wir Ärzte.« (*1500 v. Chr.*)

Diese Feststellung des Arztes eines Pharaos galt damals sicher nur für die schmale Oberschicht, die sich die Konsultation eines Mediziners leisten konnte, während den Pyramiden-Bauarbeitern Essen knapp ausreichend zugeteilt wurde.

Heute gilt obiger Ausspruch in Mitteleuropa und Nordamerika für nahezu jedermann. In Deutschland haben 80% der Bevölkerung Übergewicht. Das belastet das Herz, den Kreislauf, den Verdauungsapparat, die Lunge, die Gelenke, und nicht zuletzt – die Krankenkassen!

Unendliche Reihen von Diät-Versionen werden modern, füllen die Regenbogenpresse – und noch mehr die Anzeigen-Seiten – und verschwinden auch gleich wieder. Fast jeder hat mehr als einmal versucht, auch nur einige Kilos loszuwerden. Dann kauft man sich stolz ein neues Kleid, eine enge Hose, und schon nach einem halben Jahr greift man resigniert zur nächsten »absolut sicheren« Diät.

Je öfter das wiederholt und damit der Stoffwechsel durcheinandergebracht wird, um so schneller schafft der Körper hinterher wieder Reserven für solch schreckliche Hungerszeiten an (der Jo-Jo-Effekt entsteht). Nach jeder Diät wiegt der Fastende bald mehr als vorher. Das gilt für alle sogenannten Crash-Diäten, die einseitige Ernährung, egal ob hart gekochte Eier und Sherry, nur Kartoffeln, ausschließlich Steaks oder nur Salate als Heilmittel predigen.

Gesunde Alternative: die Trennkost

Den Jo-Jo-Effekt gibt es nicht bei Trennkost, denn sie ist keine einseitige Diät oder ungesunde Eß-Einschränkung. Man ißt alles – aber eben nie alles zusammen!

- *Obst, Gemüse, Salat* dürfen *immer* gegessen werden, dazu aber nur entweder
- Eiweißnahrung, also *Fisch, Fleisch, Eier* oder
- Kohlenhydrate, also *Kartoffeln, Reis, Nudeln, Brot.*
- Zwischen den einzelnen Mahlzeiten sollen mindestens drei Stunden liegen. Dann kann die Verdauung sich neu einstellen auf das, was der Appetit den Menschen essen läßt.

Es gibt Tiere, die sich sowohl von Fleisch als auch von Pflanzen ernähren können. Aber kein Tier würde beides zusammen fressen. Der Verdauungsapparat ist nicht darauf angelegt, Pflanzen und Fleisch zugleich zu verarbeiten. Das ist beim Menschen ähnlich.

Auf dieser einfachen Erkenntnis beruht die »Hay'sche Trennkost«. Statt alle Magen- und Darmarbeit zugleich zu fordern, so daß von dieser Anstrengung nach dem Essen bleierne Müdigkeit entsteht, soll der Körper nur in einer Richtung verdauen, entweder eiweißreiche Nahrung oder kohlenhydratreiche. Anders als bei den Tieren sind bei den Menschen faserreiche Nahrung, also Obst, Salate, Gemüse neutral.

Trennkost ist keine Diät für einen begrenzten Zeitraum,

sondern eine Grundsatzentscheidung, eine Lebenseinstellung, die sich jederzeit und überall gut durchhalten läßt. In jedem Restaurant, jeder Kantine läßt sich entsprechend essen. Und zu Hause sowieso.

Es gibt viele verschiedene, gute Kochbücher zu dieser Trennkost. Aber eigentlich kann jede Hausfrau und jeder kochende Hausmann erfolgreich experimentieren, wenn man erst einmal akzeptiert hat,

- daß eine Scheibe kalter Braten nicht nur auf Brot, sondern auch auf Gurkenscheiben schmeckt,
- daß die Tomatensauce zu Nudeln kein Hackfleisch enthalten muß (und darf),
- daß gebratenes Hähnchen auch ohne Pommes frites gut mundet.

Hunger ist der Feind jeden Wohlbefindens und jeder Diät! Bei der Trennkost ißt jeder sich nach Gaumenlust satt. Und bleibt nach einer Fleisch-Gemüse-Mahlzeit am Mittag ein unerfüllter Appetit auf etwas Süßes, so kann es schon nach vier Stunden Griespudding mit Kompott geben!

Über die Entscheidung zur Trennkost braucht man kein Wort zu verlieren. Sie bedeutet keine Einschränkung; weder wenn man an einem wunderbaren kalten Büffett steht, noch zu einem Dinner eingeladen ist. Niemand wird auch nur bemerken, daß man zu Fleisch, Salat und Gemüse auf Kartoffel verzichtet!

Die Verdauung dankt es mit Wohlbefinden. Und der Körper, indem er einige Kilo, die zu viel waren, verliert.

Oder lassen Sie das Essen ganz sein: Fasten

In allen großen Weltreligionen ist eine Fastenzeit im Jahr festgeschrieben. Das variiert zwischen einer Woche und einem

Monat, zwischen »Nulldiät« und einer kleinen Mahlzeit täglich vor Sonnenaufgang.

Diese Fastenzeit hat – wie alle praktischen Anweisungen der Religionen – keinen transzendenten Hintergrund. Es geht nicht um Büßen und Kasteien. Es geht einfach um das überlieferte Wissen, daß eine gründliche Entschlackung des Körpers reinigend bis in die Seele und den Geist wirkt und der Gesunderhaltung dient. Die gesetzmäßige, religiöse Verbrämung half und hilft nur, das Vernünftige allgemein durchzusetzen.

Eine 64jährige gläubige Katholikin ist seit ihrer Kindheit im streng katholischen Ermland daran gewöhnt, in der Karwoche kein Fleisch zu essen und keinen Alkohol zu trinken und nach Sonnenuntergang nichts mehr zu sich zu nehmen. Nur dies. Sie berichtet, daß sie sich jedes Jahr schon richtig darauf freue, diese Erneuerung zu erleben. Sie fühlt sich danach gereinigt, erfrischt, verjüngt.

Wir essen, um zu leben. Aber wir leben nicht, um zu essen. Gewiß: Essen ist auch ein Lustprinzip; und das soll nicht unterdrückt werden. Essen ist für uns heute eine Handlung der Kultur und nicht mehr nur der Natur. Aber das heißt doch auch, daß wir mit dem Kopf essen sollten.

Am sauber und freundlich gedeckten Tisch – auch für Alleinstehende, sprich Alleinessende – sind zwei Radieschen und eine aufgeschnittene Tomate, mit Schnittlauch bestreut, dazu Mineralwasser in einem Kristallglas, ein appetitanregender Anblick, ein Essen mit Kultur. So können die Augen und der Appetit selbst noch beim Fasten befriedigt werden.

Vor der eigentlichen Fastenzeit sollten zwei bis drei Tage der Vorbereitung liegen. Alle Termine müssen geprüft sein, damit nicht gerade ins Fasten hinein eine Einladung bei Freunden fällt oder körperliche Schwerarbeit in dieser Zeit ansteht. Und es wäre gut, einen Reis- und einen Apfeltag vorzuschalten. Das macht die Hürde der ersten beiden Fastentage etwas niedriger.

Hunger braucht niemand zu leiden. Nicht einmal bei Nulldiät. Denn bei jedem Fasten ist es noch wichtiger als sonst, daß viel getrunken wird. Sind es normalerweise zwei Liter, so sollen beim Fasten ruhig drei Liter täglich den Körper durchspülen. Das heißt, daß nie das Gefühl völliger Leere im Bauch eintritt.

Was im Körper bei freiwilligem Nahrungsverzicht geschieht, ist gründlich erforscht. Wer sich damit auseinandersetzt und die richtige innere Einstellung findet, der hat von einer Fastenperiode jährlich dauerhaften Nutzen.

Soll das Fasten länger als eine Woche dauern, ist therapeutische Begleitung zu empfehlen. Der Körper muß nicht nur mit viel Flüssigkeit, sondern auch mit Mineralien und Vitaminen ausreichend versorgt werden.

Außerdem ist es ganz wichtig, für regelmäßigen Stuhlgang zu sorgen. Auch wenn kein Nachschub an fester Nahrung erfolgt, füllt sich der Darm und muß geleert werden. Zuerst lösen sich faulende und gärende Reste der letzten Wochen, die ungewöhnlich übelriechend ausgeschieden werden. Der dann folgende schlechte Atem und die belegte Zunge zeigen an, daß die Entgiftung begonnen hat.

Der erste Tag fällt meist nicht schwer, eher der zweite. Und ab dem dritten Tag hat die Fastenkur schon richtig »gegriffen«. Dann wird kaum mehr Hunger wahrgenommen. Statt dessen stellen sich Unternehmungslust und Leistungskraft ein.

Ein Erfahrungsbericht

Ein Herr, seit vier Jahren im Ruhestand, berichtet, daß er alljährlich während der Fastenkur den Teil seiner Korrespondenz erledige, der das ganze Jahr über liegenbleibt. Er räumt seine Schränke auf, macht handwerkliche Arbeiten im Haus und schafft in diesen 14 Tagen mehr als sonst in Monaten.

Auch wenn dem Körper keine feste Nahrung zugeführt wird, füllt sich der Darm. Die innere Darmwand mit ihren riesigen Flächen aus Falten, Schlingen und Zotten erneuert sich ununterbrochen. Das heißt, dauernd werden gestorbene Zellen abgestoßen, und es sammelt sich Masse, die durch den Darm zum Ausscheiden bewegt wird.

Da der Stuhldrang und Druck im Darm naturgemäß etwas geringer sind als gewöhnlich, muß man gegebenenfalls bei einer Fastenkur etwas nachhelfen. Ideal hat sich hier die Colon-Hydro-Therapie bewährt, die auf sanfte Weise den gesamten Dickdarm reinigt.

Aber auch ein Löffelchen Glaubersalz, in einem Glas Wasser aufgelöst, tut seine Wirkung zuverlässig (jedoch sehr ruppig). Trotzdem: Mindestens jeden zweiten Tag, noch besser täglich, soll der Darm entleert werden.

In den ersten Tagen verfügt der Körper noch über gewisse Reserven an Kohlenhydraten, die er in der Leber gespeichert hat und von dort abrufen kann. Spätestens am vierten Tag jedoch ist er in seinem Energiebedarf auf eigene Versorgung angewiesen.

Um Brennmaterial zu bekommen, muß der Körper an seine Reserven gehen. Und die sind in Fettpolstern angelegt. Fastenforschung hat ergeben, daß ein Übergewichtiger im Durchschnitt bei drei Wochen Heilfasten etwa zehn Kilo abnimmt; davon sechs Kilo pures Fett!

Auch die Abbauprodukte des Eiweißstoffwechsels, die sich in Gelenken und Muskeln abgelagert haben, holt der Körper dann hervor. Rheumatische Prozesse werden gelindert, gestoppt oder behoben, die durch diese versteckten Abfälle begünstigt wurden.

Da es während einer Fastenkur für den Organismus weniger zu tun gibt, hat der ganze Körper eine Arbeits-Erholungs-

Pause. Dadurch werden körperliche Kräfte und Energien frei, die sich nun im seelisch-geistigen Bereich entfalten können.

Der Organismus hungert nicht, wenn er seine überschüssigen Fettvorräte abbaut. Eine Patientin erinnert sich, daß sie sogar – ohne Appetit zu bekommen – Koch-Sendungen im Fernsehen ansehen oder mit Freunden essen gehen (und dabei nur Mineralwasser trinken) konnte.

Der ganz normale Lebens- und Arbeitsrhythmus braucht sich nicht zu ändern durch eine Fastenzeit. Es stehen noch genügend Kalorien zur Verfügung. Man ist nicht geschwächt. Nur das Bewußtsein muß sich ändern!

Werfen Sie alle bösen Gedanken über Bord!

Positives Denken fördert den Erfolg. Bei jeder Behandlung einer Störung, gleichgültig ob im körperlichen, seelischen oder geistigen Bereich, ist diese positive Einstellung als psychosomatischer Hebel wichtig, wenn nicht gar entscheidend. Wer im Fasten jammert und klagt, der will seine Schlacken, sein Übergewicht nicht wirklich loslassen.

Deswegen soll man sich gerade während einer Fastenkur, auch wenn sie nur eine Woche dauert, das Leben schön und angenehm gestalten! Ins Theater gehen, Musik hören, sich Zeit zum Lesen nehmen, einen Ausflug machen, Freunde besuchen, zur Kosmetik gehen.

Wenn man plötzlich diese wenigen viertel bis halben Stunden Zeit hat, in denen man sonst gegessen hat, dann erscheinen sie dem Fastenden wie große Freiräume.

Eine Mittvierzigerin, die regelmäßig einmal im Jahr fastet, holte sich in der Praxis Vitamine und Mineralstoffe für diese Woche und erzählte: »Es ist wirklich höchste Zeit zum Fasten. Es warten so viele Knöpfe aufs Annähen, Briefe aufs Schreiben, Bekannte auf ein Telefonat... Ich habe ja nie Zeit; nur während meiner Fastenkur.«

Solange sollten, müssen oder dürfen Sie fasten

Die ideale Dauer eines Heilfastens sind 14 Tage. Das ist die Zeitspanne, die der Körper für Entschlackung und den tiefen Anstoß zur Regeneration braucht. Eine Woche aber ist besser als nichts. Nur drei, vier Tage machen keinen Sinn; da kostet die Umstellung von Nahrung auf Eigen-Energie-Herstellung und wieder zurück auf Nahrung den Körper mehr Kraft, als auf der anderen Seite gewonnen wird.

Und man fastet ja nicht, um mal eben zu einem bevorstehenden Fest in ein Kleid hineinzupassen und es dann wieder monatelang als zu eng in den Schrank zu hängen. Das Ziel sind Reinigung und Wohlbefinden, nicht allein Schlankheit und befriedigte Eitelkeit.

Das Fastenbrechen

Wenn der entwöhnte Verdauungstrakt wieder auf seine Arbeit eingestellt werden soll, muß das langsam geschehen:

- Man beginnt mit einem gedünsteten Apfel, der – an gedecktem Tisch schön serviert – mit Schale und Kerngehäuse verspeist wird, damit gleich auch Ballaststoffe dem Darm angeboten werden.
- Am nächsten Tag gibt es morgens ein kleines Toastbrot, dünn mit Butter bestrichen, und abends eine kleine gekochte Forelle mit frischer Petersilie.
- Am dritten Tag sind schon leichte Gerichte erlaubt: Salzkartoffeln, etwas Hühnerfleisch, Reis, eine leichte (fast fettlose) Suppe.

Wenn dem Magen kleine Portionen in Ruhe angeboten werden, dann erinnert er sich gar nicht an die Eßlust und Gier vor der Fastenkur. Aber ein einziges Mal dieses neue Prinzip durchbrechen heißt: Wieder mit Appetit kämpfen und womöglich rückfällig werden.

Eßkultur ist nicht nur der saubere, freundlich gedeckte Tisch, an den man sich setzt. Auch das langsame Essen ist ein Zeichen von Kultur. Wenn die Köchin eine Stunde in der Küche gearbeitet hat, dann ist es eigentlich eine grobe Unaufmerksamkeit oder gar Unhöflichkeit, wenn das Essen in zehn Minuten hinuntergeschlungen wird.

Erst sollen die Augen speisen, dann der Gaumen. Und der kann nur wirklich genießen, wenn man ihm die Zeit dazu läßt. Rutscht das Essen vom Abbeißen direkt an ihm vorbei in den Magen, dann nimmt der Gaumen kaum wahr, was da gegessen wird.

Kauen lernen heißt genießen lernen, heißt essen lernen. Und das Hungergefühl im Magen verhält sich proportional zum Kauen. Je gründlicher gekaut ist, um so eher stellt sich das Gefühl von Sättigung ein. Fast alle Übergewichtigen sind Schnellesser!

Der Zeitpunkt für einen konsequenten Neubeginn ist nach einer Fastenkur günstig. Zunge und Magen sind nicht mehr reizüberflutet. Man schmeckt wieder Nuancen und kann feine Küche genießen ohne den Griff zum Salz- und Pfefferstreuer. So wird Essen zum Genuß und nicht mehr zur notwendigen Zeitverschwendung dreimal am Tag degradiert.

Beim völligen Zurückkehren aus einer Fastenzeit zum Alltag lohnt noch einmal die Überlegung, ob man dem Wohlbefinden zuliebe nicht auf Trennkost (siehe oben) umsteigen will.

Regenerationskuren für den Darm

Zwei Kuren, die über den Darm regenerierend auf den ganzen Körper wirken, haben seit Jahrzehnten begeisterte Anhänger: die Schroth-Kur und die Mayr-Kur. Wer darauf schwört, wiederholt sie ab dem etwa 50. Lebensjahr alle ein bis zwei Jahre.

Tatsächlich wirken beide Kuren entschlackend, geben neues Lebensgefühl und Vitalität. Aber beide sind eigentlich darauf angelegt, in regelmäßigen Abständen wiederholt werden zu müssen. Denn nach Ende einer solchen Kur fallen die Patienten erfahrungsgemäß sehr schnell in ihre schlechten Eß- und Lebensgewohnheiten zurück, sie nehmen wieder zu, die neuen Kleider passen bald nicht mehr – und schon ist die nächste Kur vorprogrammiert.

Trockenes Brot und Wein: die Schroth-Kur

Johann Schroth entwickelte schon vor Jahrzehnten diese Kur, die heute in verschiedenen Sanatorien angeboten wird. Sie können sie auch zu Hause probieren, sollten aber von einem Arzt oder Heilpraktiker überwacht werden und vorher unbedingt fragen, ob Ihr Behandler mit dieser Kur bei Ihnen einverstanden ist!

Die Kur basiert auf der »Brenn-Kraft« von Alkohol, die den Körper reinigen soll.

Vorkur

Mindestens eine, besser zwei Wochen lang morgens und abends altbackene Semmeln essen und etwas Zitronensaft trinken. Zum Mittagessen gibt es Hafer- oder Reisbrei zu den trockenen Semmeln.

Während dieser Zeit wird die tägliche Flüssigkeitszufuhr auf ein Glas leichten Landwein reduziert, der mit ein bis zwei Glas Wasser gestreckt wird. Er wird in kleinen Schlucken zwischen den Mahlzeiten getrunken.

Hauptkur

- Montag: trockene, altbackene Semmeln und Backpflaumen; gar nichts trinken
- Dienstag: morgens und abends Semmeln, mittags Grieß-, Hafer- oder Reisbrei; ab 16 Uhr ein Glas Landwein in kleinen Schlucken bis zum Abend
- Mittwoch: wie Montag
- Donnerstag: morgens und abends altbackene Semmeln und Backpflaumen, dazu morgens ein Glas Rotwein. Mittags Grieß- oder Reisbrei oder Haferschleim mit altbackenen Semmeln und Pflaumenkompott (ohne Zucker). Nach 16 Uhr bis zum Abend ein Glas Landwein
- Freitag: wie Montag
- Samstag: wie Dienstag
- Sonntag: wie Donnerstag

Über Nacht sollen immer feucht-kalte Leibwickel aufgelegt werden.

Es darf nichts zusätzlich getrunken werden. In manchen Sanatorien ist sogar das Zähneputzen mit Wasser untersagt.

Nach der Kur soll der Speiseplan – wie beim Heilfasten – langsam wieder aufgebaut werden.

Colon-Hydro-Therapie ist nur zu Kurbeginn möglich, da der Körper sonst aus dem Darm Wasser aufnimmt.

Bei Milch und trockenem Brot: Mayr-Kur

Man nennt sie auch die »Semmelkur«. Sie wurde von Dr. Franz Xaver Mayr entwickelt und ist leichter durchzuführen als die Schroth-Kur.

Während der Kur gibt es ausschließlich altbackene Semmeln mit Milch (besser noch: Sauermilch). Außerdem wird frisch gepreßter Orangensaft mit viel Mineralwasser getrunken und abends einige Tassen Kräutertee.

Man darf so viele Semmeln essen, wie man will. Aber man muß sich genau nach folgendem Schema richten:

- Einen Bissen Semmel kauen, bis er sich halb verflüssigt hat,
- dann einen Teelöffel Milch in den Mund nehmen,
- noch im Mund vermischen und dann erst schlucken.

Jeden zweiten Tag wird zur Darmreinigung Glaubersalz eingenommen. Eine Colon-Hydro-Therapie kann zu Beginn und am Ende der Kur durchgeführt werden.

Symbioselenkung des Darms

Bevor wir uns den einzelnen kleinen Möglichkeiten zuwenden, mit denen jeder selbst auf einfache und natürliche Weise versuchen kann, Beschwerden im Verdauungstrakt zu begegnen, sei noch eine der größeren biologischen Heilmethoden besprochen: die Symbioselenkung. Ähnlich wie die Colon-Hydro-Therapie muß sie von einem Therapeuten durchgeführt werden. Internisten, Gastroenterologen, praktische Ärzte, vor allem aber Heilpraktiker setzen die Symbioselenkung gezielt ein.

Bei stärkeren oder länger bestehenden Darmbeschwerden, nach einer Antibiotikabehandlung, aber auch bei permanenter Schwäche des Verdauungstrakts muß man annehmen, daß die natürliche Besiedlung des Darms mit notwendigen, gesunden Bakterien (= *Darmflora*) gestört ist. Hunderte von Bakterienstämmen siedeln im Darm und leisten ununterbrochen Hilfe bei der Verdauungsarbeit. Sie leben von dem, was den Darm passiert, und sind dem Menschen nützlich. Dieses Zusammenleben zum Nutzen auf Gegenseitigkeit nennt man Symbiose, die daran teilhabenden Bakterien *Symbionten.*

Kommen nun Bakterien mit der Nahrung von außen in den Darm, die dort schädlich wirken, die Krankheitserreger sind, dann geht man gegen diese behandelnd vor.

Ein eingenommenes Antibiotikum kann jedoch zwischen Symbionten und schädigenden Bewohnern des Darms (= *Parasiten*) nicht unterscheiden: Es zerstört beide und hinterläßt einen geschwächten Darm, dem die Hilfsarbeit seiner gesunden Darmflora fehlt.

Mit einer Störung der Darmflora jedoch geht sofort eine allgemeine Schwächung einher. Der größte Teil der körpereigenen Abwehrkraft kommt aus dem Darm; das Immunsystem wird erheblich geschwächt durch fehlende Symbionten. Das hat wieder erhöhtes Infektionsrisiko zur Folge, womit ein Teufelskreis ausgelöst werden kann.

Wahrscheinlich wird sogar das Wachstum von Krebszellen durch eine geschwächte Darmflora begünstigt. Entartete Zellen, also Krebszellen, kommen in jedem Organismus vor; aber ein intaktes Immunsystem mobilisiert sofort die körpereigene Abwehr, vernichtet diese Zellen und scheidet sie aus. Ist diese Abwehr nun geschwächt, dann kann das Wachstum solcher Krebszellen voranschreiten.

Tatsächlich hat man bei einem großen Teil von Krebspatienten eine gestörte Darmflora diagnostiziert, weswegen heute vielfach mit dem Erkennen eines Karzinoms sofort eine Symbioselenkung des Darms begonnen wird, damit der Tod nicht »aus dem Darm kommt«.

Die gesunde Besiedlung des Darms durch die richtigen Bakterien fördert nicht nur den Aufbau des darmeigenen Immunsystems (= *Peyerschen Plaques*), indem das Wachstum der Lymphdrüsen angeregt wird, sondern die Stoffwechselschlakken dieser Bakterien wirken sich auch noch vernichtend auf Schädlinge aus.

Außerdem sind die Darm-Symbionten am Aufbau der im Darm produzierten Vitamine beteiligt und auch deswegen für Kraft, also Lebenskraft, mitverantwortlich.

Bevor eine Symbioselenkung eingeleitet wird, sollen nicht nur schädigende Keime abgetötet, sondern auch der Darm weitgehend gereinigt worden sein. Eine Antibiotikabehandlung wegen einer Infektion oder eine Nystatin-Therapie wegen Pilzbefalls gehen voran, dann folgt im Idealfall eine Colon-Hydro-Therapie.

Wo das nicht möglich ist, könnte auch eine Woche Heilfasten säubernd wirken. Oder wenigstens ein Apfel-, Wasser- oder Reis-Tag plus Glaubersalz.

Dann beginnt unter Anleitung eines Therapeuten die eigentliche Symbioselenkung, das heißt der Aufbau einer lebensfähigen Darmflora.

Zusammenfassung der Indikationen:

- Nach einer Antibiotikabehandlung
- bei chronischer Darmträgheit, länger andauernden Durchfällen
- bei Krebs
- bei allgemeiner Abwehrschwäche (Infektanfälligkeit)
- bei Leistungsabfall und permanenter Müdigkeit
- im Alter: wenn alle Körperfunktionen nachlassen, sollte auch die Darmflora unterstützt werden

Eine 37jährige Kindergärtnerin hat bei einem Besuch in der Praxis darüber geklagt, daß sie seit drei Jahren zunehmend jede Erkältung, jeden Infekt aufschnappe und jedesmal länger daran zu leiden habe. Sie sei im Kindergarten offensichtlich »übergefährdet«. Nach nur drei Sitzungen Colon-Hydro-Therapie mit anschließender Symbioselenkung hat sie sich jahrelang nicht mehr angesteckt. Ihr Immunsystem arbeitete wieder zuverlässig.

Und so funktioniert die Symbioselenkung

Es gibt zwei Möglichkeiten der Symbioselenkung:

1. Unterstützung einer geschwächten Darmflora. In diesem Fall wird den körpereigenen Bakterien, die vermindert sind oder geschwächt arbeiten, ein positives Milieu geschaffen, in dem sie sich regenerieren und gut vermehren können. Oral werden Produkte mit *rechtsdrehender Milchsäure* gegeben, die mit ihren Eiweißbruchstücken die Symbionten stärken. Allerdings wirken diese Heilmittel nur im oberen Teil des Verdauungstrakts, wo sie aufgenommen werden. In den unteren Teil hinein ist die Wirkung nur indirekt, weil sich dort die Darmflora aus eigener Kraft eher regeneriert, wenn oben ein gutes Milieu herrscht.
2. Nimmt man eine stärkere Schädigung des Darmmilieus an, so daß die Selbstheilung unwahrscheinlich ist oder zu lange dauern würde, so ergänzt (= substituiert) man von außen die fehlenden Keime. In diesem Fall werden lebens- und vermehrungsfähige Bakterienstämme oral gegeben, die gefriergetrocknet in Kapseln eingenommen werden. Diese erreichen sowohl die Dünndarmschleimhaut als auch den Dickdarm, um sich dort als Symbionten anzusiedeln.

Da es sich um lebende Bakterien handelt, sollen diese Präparate im Kühlschrank aufbewahrt werden. Es handelt sich hauptsächlich um

- Bifidusbakterien
- Lactobacillus acidophilus
- Escherichia coli (wenn sie nicht mehr krankheitserregend sind)

Welche der beiden Formen der Symbioselenkung im Einzelfall sinnvoll ist, muß der Therapeut entscheiden. Es ist durchaus möglich, daß eine geschwächte, gestreßte Darmschleimhaut nicht gleich bereit ist, die notwendigen Bakterien anzunehmen. Dann reagiert sie möglicherweise abwehrend mit Durchfall.

Dosierung und Dauer der Behandlung müssen von einem Therapeuten bestimmt und überwacht werden. Gegebenenfalls wird die Anzahl der zugeführten Bakterien langsam gesteigert, um dem Darm wieder beizubringen, mit seinen Bewohnern zu leben und Nutzen aus ihnen zu ziehen.

Die Behandlung kann bis zu mehreren Monaten dauern. Aber eine intakte Darmflora ist notwendig für das Funktionieren der Verdauung, für ein intaktes Abwehrsystem und damit für Wohlbefinden und Gesundheit überhaupt.

Ein 35jähriger junger Mann kam in die Praxis, weil seit einem Jahr seine Akne wieder aufgebrochen war, wie er sagte. Er hatte während der Pubertät starke Hautprobleme, die dann überwunden waren, und meinte nun, sein Hormonhaushalt müsse »ganz durcheinander« sein, weil er wieder »blühe«. Es waren nicht die Hormone, sondern mangelnde Abwehrkraft. Eine latente Pilzbesiedlung hatte für schleichende Vergiftung vom Darm her gesorgt. Nach Nystatin-Behandlung und Symbioselenkung dauerte es nur einige Wochen, bis die Akne wieder völlig verschwunden war.

So verhindern und behandeln Sie Darmbeschwerden

Erst bei länger dauernden, chronischen Beschwerdebildern wird man sich zu einer Darmsanierung mittels Hydro-Therapie und anschließender Symbioselenkung entschließen. Die vielen alltäglichen Störungen, denen der Darm ausgesetzt ist, lassen sich meist mit bewährten Mitteln der Hausapotheke oder mit Omas Rezepten beheben.

Um es aber möglichst gar nicht erst zu diesen Störungen kommen zu lassen, die überall so beängstigend zunehmen, seien im folgenden die vorbeugenden Maßnahmen noch einmal zusammengestellt.

Auf die Mundpflege kommt es an

Die richtige Darmpflege beginnt am Startpunkt des ganzen Verdauungstrakts, das heißt dem Mund, der die Nahrung aufnimmt.

Um den Darm in seiner Arbeit zu fordern, wird allgemein geraten, die Normalkost mit Quellstoffen, also Ballaststoffen, anzureichern. Empfohlen werden Leinsamen und Weizenkleie. Das ist auch richtig. Aber wäre es nicht noch richtiger, gleich das volle Korn zu essen, statt die Kleie beim Ausmahlen erst zu entfernen und dann der Nahrung in Joghurts und Müsli wieder hinzuzufügen?

Also sollten wenigstens Vollkornbrot und Vollkornmehl (auch Weizenmehl!) verwendet werden, wenn man schon auf die denaturierten weißen Nudeln nicht verzichten mag.

Viele Salate aller Art sollen mit Gemüse abwechseln, das aber möglichst nur blanchiert, nicht weich gekocht und dann gut gewürzt werden soll. Etwas rohes Sauerkraut sollte immer griffbereit sein und zum Naschen verleiten.

Überhaupt Naschen: lieber Nüsse, Rosinen, Studentenfutter, getrocknetes Obst als künstliche Süßigkeiten (wie Pralinen, Weingummi etc.), wie lecker sie auch immer sein mögen.

Viele gängige Lebensmittel können für den Darm zur Gefahr werden durch die Zusätze, die üblich sind, um sie haltbar zu machen oder um die Farben aufzufrischen oder den Geruch zu intensivieren. Neben allergischen Reaktionen, die explosionsartig zunehmen, erzeugen sie unter Umständen auch Entzündungen der Darmschleimhaut.

Die natürliche, notwendige Darmflora wird besonders von Konservierungsstoffen irritiert, denn auch diese unterscheiden – ähnlich wie Antibiotika – natürlich nicht zwischen schädlichen und nützlichen Keimen. Das heißt, sie töten im Zweifelsfall beide.

Mindestens zwei Liter müssen Sie täglich trinken. Darunter sollte jeden zweiten Tag ein Glas Wasser sein, das mit Obst- oder Apfelessig leicht gesäuert ist, das reinigt von innen. Ebenso gut wirkt ein Schluck Eigenurin am Morgen, wenn das auch nicht jedermanns Sache ist.

Je nach Konsistenz soll der Bissen bis zu einer Minute im Mund gekaut werden, damit er richtig eingespeichelt, das heißt anverdaut wird. Dafür sind gepflegte, gute Zähne notwendig. Amalgam-Plomben sind eine permanente Quecksilberbelastung für den Körper und damit ein Vergiftungsherd. Wem Gold zu teuer ist, für den hat die moderne Zahntechnik Kunststoff- und Porzellanersatz bereit. Wer sich in jungen Jahren nach jeder Mahlzeit die Zähne putzt oder wenigstens den Mund kurz ausspült, der kann sich sein Gebiß lange gesund erhalten und braucht erst spät eine Prothese. Der Zusatz eines Tropfens Minzöl oder Salbeisaftes zum Spülwasser wirkt reinigend und erfrischend.

Den Magen besser behandeln

Wenn Luft in den Magen gelangt

Jede Mutter kennt das klägliche Weinen ihres Babys, wenn es mit der Milch zuviel Luft geschluckt hat, die dann wieder heraus muß. Das Kind wird auf dem Arm gewippt, der Rücken leicht geklopft. Was bei diesem »Bäuerchen-Machen« nicht beseitigt wird, das bleibt im Verdauungstrakt und bereitet oft Bauchschmerzen.

Wer jetzt aber glaubt, das Luftschlucken sei ein Baby-Problem, der irrt. Auch Erwachsene haben damit Schwierigkeiten, nur der Mensch, der zum »Bäuerchen-Machen« animiert, fehlt. Wer dauernd mit der Zunge im Mund spielt, weil die Zähne nicht in Ordnung sind oder weil die Prothese schlecht sitzt, der löst ständig Speichelbildung und damit einen Schluckreflex aus. Das gleiche gilt bei Erkältungen, wenn Schleim aus dem Nasen-Rachen-Raum in den Mund gelangt und geschluckt wird. In all diesen Fällen ist wenig Schluckmasse vorhanden, weshalb leicht Luft mit in den Magen befördert wird.

Senkrechte Haltung, wippende Bewegung, kreisendes Streichen im Uhrzeigersinn über den Magen oder auch ein Glas kohlensäurehaltiges Wasser lösen dann das befreiende Aufstoßen aus. Aber die zurückkommende Luft darf nicht sauer oder bitter schmecken; das wäre ein Zeichen, daß sich bereits Gase gebildet haben, was nicht zum gesunden Verdauungsprozeß gehört.

Fencheltee und Kümmelaufguß sind die altbewährten Mittel, die – durchaus nicht nur für Babys – hilfreich sind. Die derbe bayerische und österreichische Küche setzt den Speisen vielfach beim Kochen kräftig Kümmel zu, um die Blähungsbildung zu vermindern, so bei allen Krautgerichten, bei Bratkartoffeln, bei Zwiebel- und Lauchspeisen.

Zu wenig Magensäure

Produziert die Magenwand zu wenig Fermente, wird also der Inhalt in angemessener Frist nicht sauer genug, so kann die Verdauung nicht gezielt arbeiten; das Essen »liegt wie ein Stein im Magen«.

Dann hilft weder Bewegung noch viel trinken. Man hat das Bedürfnis nach »einem Klaren« oder einem »Bitter«. Viele Kräuterschnäpse und Magenbitter sind im Handel, je bitterer, um so wirkungsvoller. In der Naturheilkunde wird gern der »Schwedenbitter« eingesetzt, den man aus 47 verschiedenen getrockneten Kräutern selbst auf Alkohol ansetzen kann (muß vier Wochen auf der Fensterbank im Licht ziehen).

Eine sehr alte Dame verriet kurz vor ihrem 90. Geburtstag bei völliger geistiger Frische ihr Lebensrezept, wie sie meinte: Sie trank 70 Jahre lang viermal täglich nach jeder Mahlzeit eine Tasse Espresso, den sie mit einem großen Schluck Magenbitter mischte – das eine, um den Kreislauf in Schwung zu halten, das andere für die Verdauung.

Es gibt natürlich auch die Möglichkeit, einen Wermut mit seinen Bitterstoffen vor dem Essen zu trinken. Wermut regt die Magensäurebildung an und wird meist auf Alkoholbasis als Aperitif getrunken. Aber ein Schluck Wermut-Tee tut's auch. Auch Calmuswurzel in Saft- oder Tropfenform wirkt verdauungsanregend und sollte ebenfalls vor dem Essen genommen werden. In China benutzt man dafür grünen Tee, der auch bei uns unter Chinarestaurant-Liebhabern immer beliebter wird.

Zuviel Magensäure

Wer Sodbrennen und Magenübersäuerung für normal hält, der leidet meistens unter Streß und zu hohen Anforderungen an sich selbst. Hier liegen psychosomatische Ursachen ganz nah. Kaffee, schwarzer Tee, Nikotin und starke Alkoholika (manchmal auch nur Wein) fördern die Säurebildung im Magen, genau wie zu scharfes Essen, saure Säfte oder auch zu Süßes.

In einem solchen Fall muß die Magensäure abgepuffert werden. Basische Pulver, denen hauptsächlich Magnesiumcarbonat zugesetzt ist, leisten gute Dienste. Als Hausmittel ist auch geeignet: den Magen tagsüber nie ganz leer werden lassen! Deswegen ab und zu einen Keks, ein Stückchen Banane, ein paar Rosinen essen. Immer mal wieder ein Schluck Milch kleidet die Schleimhaut wie mit einem Film innen aus und schützt sie.

Homöopathie gegen Sodbrennen:

- Nux vomica D12: Folge von Alkohol und/oder Nikotinmißbrauch
- Capsicum D6: Eiseskälte im Magen, beißendes Aufstoßen
- Robinia D6: Brennen im Magen
- Iris D6: Sodbrennen mit starkem Speichelfluß und Übelkeit

Kehrt das Gefühl von Magenübersäuerung immer wieder, begleiten brennende Schmerzen das chronische Störungsbild, dann sollte unbedingt abgeklärt werden, ob es sich um eine Magenschleimhautentzündung (= *Gastritis*) handelt, ob der Magen Geschwüre bildet (= *ulceriert*) oder sich etwa Helicobacter-pylori-Bakterien angesiedelt haben. Sichere Diagnose ist nur durch eine Magenspiegelung möglich.

Erste Hilfe für den Magen durch Kräuter

»Der Herr läßt die Arznei aus der Erde wachsen, und ein Vernünftiger verachtet sie nicht.«

»Meschalim« (*J. Sirach, 190 v. Chr.*)

Zusammenstellung der Pflanzenstoffe (= *Phytopharmaka*), die im Magen wirksam sind:

- Basilikum. Zwei Teelöffel auf eine Tasse, heiß aufbrühen, ziehen lassen, warm trinken: löst Blähungen.
- Benediktenkraut. Ein Eßlöffel auf eine Tasse, kalt ansetzen, vier bis sechs Stunden ziehen lassen und abseihen. Kurz erwärmen und bis zu zwei Tassen am Tag trinken: funktionsanregend durch Bitterstoffe.
- Calmuswurzel (fünf Tropfen auf ein Glas Wasser): regt die Verdauung an.
- Enzian (Wurzel des gelben Enzians). Tee: Zwei Teelöffel auf eine Tasse kalt ansetzen, aufkochen und kurz ziehen lassen. Kaltauszug: Zwei Eßlöffel auf eine Tasse, vier Stunden ziehen lassen. Beides zur Säureanregung, verdauungsfördernd, nicht bei empfindlichem Magen.
- Ingwerwurzel in kleine Scheiben schneiden und mitkochen oder -braten: gegen Völlegefühl und Blähungen.
- Koriander als Tee, oft zusammen mit Anis, Kümmel oder Fenchel. Zwei Teelöffel auf eine Tasse, kalt ansetzen, aufkochen und nach drei Minuten abseihen: gegen Koliken, Leber und Galle anregend.
- Teufelsabbiß (= Ackerskabiose). Zwei Teelöffel auf eine Tasse, kalt ansetzen, aufkochen und gleich abgießen. Bis zu drei Tassen täglich: gegen Magenkatarrh.
- Gleiche Indikation auch: Eibischtee, Rautetee (wenig nehmen!) und Tausendgüldenkrauttee, der – genau wie Wermut – appetitanregend wirkt.

- Wermut. Ein Teelöffel auf eine Tasse, heiß überbrühen und zehn Minuten ziehen lassen, warm trinken: bei mangelhafter Verdauung, auch gegen Gallensteine.

Homöopathische Mittel bei Magenkrämpfen:

- Belladonna D6: wenn der Schmerz beim Zurückbeugen nachläßt
- Ignatia D6 und Magnesium phosphoricum D6: wenn der Schmerz durch Wärme und Druck gebessert wird
- Nux vomica D12: Schmerz durch Streß oder übermäßiges Essen, seltener: Nux moschata, Potentilla anserina

Homöopathie bei Magenentzündungen:

- Antimonium crudum D12
- Argentum nitricum D6
- Bryonia D6
- China D6
- Condurango D12
- Phosphor D6
- Pulsatilla D6 (vor allem bei Frauen)

Tun Sie was für Ihren Dünndarm

Der Dünndarm kann seine Aufgabe, die Nahrung in ihre Bausteine aufzuschlüsseln, damit sie der Körper aufnehmen und verwerten kann, nur dann erfüllen, wenn die Leber über die Galle ausreichend arbeitet und die Bauchspeicheldrüse ihre Fermente liefert. Durch eine funktionierende Verdauung bleiben Ihnen zum Beispiel Blähungen erspart.

Galle anregend sind Eberesche, roher Rettich (aber nicht bei empfindlichem Magen und Blähungsneigung), Sauerdorn und Wegwarte.

Kräuter gegen Blähungen:

- Anis. Zwei Teelöffel mit einer Tasse heißem Wasser übergießen, aufkochen und kurz zugedeckt stehen lassen, dann warm trinken. Als Packung: In Wein oder Wasser aufkochen, in ein Leinensäckchen geben und auf den Bauch legen, mit trockenem Tuch abdecken.
- Bohnenkraut. Zwei Teelöffel mit einer Tasse kaltem Wasser aufkochen, kurz ziehen lassen und warm trinken. Blähenden Speisen (Hülsenfrüchten, Kohl) reichlich als Gewürz zugeben.
- Fenchel. Einen gehäuften Teelöffel mit einer Tasse heißem Wasser übergießen, aufkochen und fünf Minuten ziehen lassen; lauwarm trinken.
- Kümmel. Zwei Teelöffel mit einer Tasse heißem Wasser übergießen, aufkochen und zehn Minuten ziehen lassen. Warm trinken. Als Gewürz reichlich zu allen blähenden Speisen.

Will man festgesetzte Blähungen lösen, so hilft eine einfache *Bewegungsübung*: Auf einem Balkon oder am offenen Fenster langsam mit dem ruhigen Einatmen seitwärts die Arme heben und beim Ausatmen etwas in die Knie gehen, sich nach vorne neigen, beide Hände auf den Unterbauch legen und diesen – ohne zu atmen – dreimal einziehen und wieder loslassen; dann erst aufrichten und wieder seitwärts die Arme heben. Zehnmal wiederholen.

Auch die *Rollkur* kann Abhilfe schaffen: Sie drehen sich quasi ganz langsam im Bett. Erst die Rückenlage, dann Seitenlage links, Bauchlage und Seitenlage rechts. Alle Lagen nach jeweils 30 Sekunden abwechseln, insgesamt fünf Minuten lang.

Homöopathie gegen Blähungen:

- Asa foetida D12: gegen übelriechende Winde
- Carbo vegetabilis D6: bei aufgetriebenem Magen und Oberbauch

- Lycopodium D12: bei Müdigkeit und Blähbauch nach dem Essen
- Pulsatilla D6: Unverträglichkeit von Fett
- Seltener eingesetzt: Allium sativum,Colchicum, Flor de Pietra, Graphites, Nux moschata, Opium, Phellandrium

Wenn der Darm entzündet ist

Generell gilt: Wenn ernsthafte Beschwerden wie ständiger Durchfall (bis zur Schleimabsonderung), Darmkrämpfe und Schmerzen beim Ausscheiden der Exkremente vorliegen: Gehen Sie zum Arzt oder Heilpraktiker! Mit diesen Beschwerden ist nicht zu spaßen. Zusätzlich zu dem, was Ihnen Ihr Therapeut empfiehlt, können Sie aber auch die nachfolgend beschriebenen Heilmethoden anwenden.

Kräuterhelfer bei Darmentzündungen:
- Blutwurz. Ein bis zwei Eßlöffel des Pulvers der getrockneten Wurzel in einer Tasse Wasser einrühren und trinken, oder kalt aufkochen und als Tee trinken.
- Himbeere. Zwei Teelöffel der getrockneten Blätter kalt aufsetzen, kochen, zehn Minuten ziehen lassen, drei Tassen täglich trinken.
- Pfefferminze. Zwei Teelöffel mit einer Tasse heißem Wasser aufbrühen (nicht kochen!) und fünf Minuten ziehen lassen, dann trinken. Als Badezusatz schmerzlindernd bei Darmerkrankungen.
- Nelkenwurz. Zwei Teelöffel auf eine Tasse Wasser kalt aufsetzen, kurz aufwallen und zehn Minuten ziehen lassen; zwei Tassen täglich trinken.

Homöopathisch wird eingesetzt:
- Aethiops antimon D12
- Calcium stibiato sulfuratum D6

- Mercurius solubile D6
- Podophyllum D12
- Seltener: Abtrotanum, Aloe, Arsenicum album, Belladonna, Potentilla anserina, Sulfur

Homöopathie für den Darm bei Koliken:
- Belladonna
- Colocynthis
- Mercurius subl.corr.

Schnelle Hilfe bei Durchfall

Bei Durchfall muß von Anfang an für ausreichenden Flüssigkeitsersatz gesorgt werden, also: viel trinken! Schwarzer Tee entspannt und beruhigt den Darm. Außerdem verliert der Körper auch Salz und Mineralien, so daß eine Messerspitze Salz in einem Glas Wasser den Mangel beseitigen könnte.

Am ersten Tag wird gefastet. Denken Sie nur daran, die obengenannten Getränke zu sich zu nehmen, denn der Körper verliert sonst zuviel Flüssigkeit.

Am zweiten Tag gibt es geriebenen Apfel, geschlagene Banane, Zwieback. Der Stuhl sollte sich dabei schon wieder festigen.

Am dritten Tag dürfen Reis und Salzkartoffeln (mit einem Flöckchen Butter) gegessen werden; oder auch eine Ein-Tag-alte-Semmel oder leicht getoastetes Weißbrot.

Die normale Kost sollte dann nicht gleich mit Braten und Sauerkraut beginnen, sondern eher magen- und darmschonende Gerichte bevorzugen.

An Kräuter-Heilmitteln bieten sich an:
- Blutweiderich-Tee. Zwei Teelöffel auf eine Tasse Wasser, heiß aufbrühen, aufkochen und kurz ziehen lassen. Zwei bis drei Tassen täglich.

- Bohnenkraut-Tee. Zwei Teelöffel mit einer Tasse kaltem Wasser aufsetzen, aufkochen, kurz ziehen lassen und noch warm trinken.
- Knabenkraut-Aufguß. Die pulverisierte Knolle 1 : 1 mit Alkohol ansetzen, dann mit der zehnfachen Menge Wasser verdünnen und schließlich mit der 100fachen Menge heißem Wasser übergießen und quellen lassen, dann sofort einnehmen.
- Rhabarber-Tee. Ein Teelöffel der getrockneten Wurzel auf eine Tasse Wasser kalt ansetzen, kurz aufkochen und abgekühlt in kleinen Schlucken trinken. Höchstens zwei halbe Tassen täglich, denn in größerer Menge getrunken wirkt der Tee genau umgekehrt (abführend).

Homöopathie bei Durchfall:
- Arsenicum album D12: nach verdorbener Nahrung
- Veratrum album D12: kalter Schweiß auf der Stirn, Schwäche
- Acidum phoshoricum: leichter Durchfall, Sommergrippe
- Aloe D6: Stuhlabgang bei Blähungen
- Podophyllum D6: gußartige, meist schmerzlose Entleerung
- Gelsemium D12: Durchfall bei Angst, Schreck, Lampenfieber
- Sulfur D6: Brennen, Jucken und Schmerz am After, Entleerung meist zwischen 4 und 5 Uhr morgens

Omas Rezepte gegen Verstopfung

Die Sache mit den Backpflaumen weiß doch jedes Kind. Tatsächlich zeigen ein paar Backpflaumen wirklich auf körperlich schonendste Weise durchschlagende Wirkung. Die getrockneten Pflaumen werden tagsüber in Wasser einlegt, das dann am nächsten Morgen nüchtern getrunken wird.

Auch Feigen lösen Verstopfung, noch mehr die frischen als getrocknete. Frisch gepreßter Ampfersaft, Faulbaumtee und Schlehenfrüchte wirken ebenfalls abführend.

Diätetische Stuhlförderungsmittel, die gleichzeitig eine gute Grundlage für die Darmarbeit bieten, sind:

- Vollgetreideprodukte: ganze Sprießkörner zum Selbstschroten und Selbstmahlen; Mehl, Brot, Brötchen, Zwieback, Kekse, Knäckebrot, Flocken, Teig- und Backwaren. Der Appetit muß aussuchen, dann genießt der Gaumen.
- Pflanzenkost: Gemüse und Obst, frisch bzw. roh und gedünstet, wie es gerade zum Übrigen paßt.
- Milchsaure Produkte: Buttermilch, Sauermilch/Dickmilch, vorzugsweise Bioghurt, Sanoghurt (= Säuerung durch darmfreundliche Bakterien!), rohes Sauerkraut (gut kauen!), Sauerkrautsaft, Rote-Bete-Saft.

Regelmäßig morgens nüchtern vor dem Zähneputzen ein Glas lauwarmes Wasser trinken (oder drei Schluck des ersten Morgenurins) und dann zum Frühstück einen Apfel statt Marmelade aufs Vollkornbrot legen beugt Verstopfungen vor.

Kräuterhilfe bei Verstopfung:

- Ampfer. Zwei Teelöffel auf eine Tasse kalt ansetzen, aufkochen und kurz ziehen lassen. Davon zwei Tassen am Tag trinken. Noch besser wirkt frisch gepreßter Ampfersaft.
- Faulbaum. Ein Teelöffel Tee auf eine Tasse kalt ansetzen, aufkochen und abseihen. Eine Tasse trinken.
- Feigen. Einige frische Früchte essen oder getrocknete über Nacht in Wasser einlegen und morgens essen, das Wasser eventuell noch trinken. Wirkt garantiert durchschlagend!
- Schlehdorn. Als Marmelade oder Kompott zubereitete Schlehen sind vor allem für Kinder als leichtes Laxans geeignet.

Homöopathie bei Verstopfung:

- Sulfur D6: bei Jucken, Brennen, Stechen am After
- Platina D12: Stuhl, der haftet wie Lehm
- Nux vomica D12: bei häufigem, erfolglosem Stuhldrang
- Lycopodium D12: bei aufgeblähtem Bauch, der nichts hergibt
- Plumbum D 12: bei kolikartigen Schmerzen und eingezogenem Bauch
- Silicea D6: bei mangelnder Ausscheidungskraft
- Bryonia D6: harter, wie verbrannt riechender Stuhl
- Graphites D6: klumpiger Stuhl mit Schleimfetzen
- Natrium muriaticum D12: krümeliger Stuhl, schmerzhafte Entleerung

Zusammenstellung der pflanzlichen Mittel:

- Eberesche (Vogelbeerbaum). Früchte im Mixer pürieren und als Kompott oder Brotaufstrich essen. Zum Eindicken mit Zucker etwas erwärmen, aber nicht kochen und kühl aufbewahren.
- Rettich. Roh geraspelt essen, möglichst ungesalzen, nicht bei empfindlichem Magen oder Blähungsneigung. Saft (Reformhaus) mit etwas Honig süßen (auch gut gegen Husten).
- Sauerdorntee. Ein Teelöffel auf 1 l kochendes Wasser, zehn Minuten ziehen lassen.
- Wegwarte. Über die Galle appetitanregend, 20 g auf eine Tasse Wasser, kalt ansetzen, aufkochen, kurz ziehen lassen. Oder den Saft frischer Wurzeln: zwei Teelöffel pro Tag.

Erste Hilfe bei Hämorrhoiden

Man soll darauf achten, den Stuhl stets möglichst weich (nicht flüssig) zu halten. Also viel trinken, alles Stopfende weitgehend meiden. Statt Rotwein lieber Weißwein, statt Schokolade lieber Studentenfutter, statt Banane lieber Apfel u. ä.

Im akuten Blutungsfall soll einige Tage lang kein Fleisch gegessen werden. Der After wird nach jeder Entleerung mit einer Hämorrhoiden-Salbe bestrichen (Apotheke).

Homöopathie gegen Hämorrhoiden:

- Hamamelis D6: Blutungen und starkes Wundsein
- Aesculus D6: Verstopfungsfolge, selten Blutungen
- Aloe D6: hervortretende Hämorrhoiden, Besserung durch kaltes Wasser
- Ratania D6: Risse am After, Schmerzen bei der Entleerung
- Sulfur D6: Brennen und Jucken, vor allem nachts
- Nux vomica D6: Bewegungsmangel

Mit Yoga zur gesunden Verdauung

Bewegung ist immer eine Form der Verdauungsförderung (nach dem Essen die Füße vertreten). Eine *Yoga-Übung* zur Anregung der Darmtätigkeit wollen wir hier empfehlen:

Morgens im Bett in Rückenlage:

- 20 Sekunden lang (= langsam von 21 bis 41 zählen!) das rechte Knie zur Brust ziehen und den Oberschenkel fest an den Bauch pressen, eventuell mit einer Hand vom Schienbein her nachdrücken; dabei sehr ruhig und gleichmäßig atmen;
- dann das Bein ausstrecken und entspannt 20 Sekunden weiteratmen;
- dasselbe noch einmal wiederholen;
- dann genauso zweimal mit dem linken Bein
- und zweimal mit beiden Oberschenkeln zugleich.
- Wichtig: Nie den Atem anhalten und möglichst so tief atmen, daß das Zwerchfell nach unten bewegt wird, das heißt, daß die Bauchdecke sich hebt.

Pilze im Darm

Die Medizin geht heute davon aus, daß bis zu 100% der Bevölkerung Pilze als Parasiten in sich haben. Manch einer lebt gut damit. Dann schafft die körpereigene Abwehr es, das Gleichgewicht zu halten. Nimmt die Besiedlung aber stark zu, werden Pilze zur Gefahr.

Jahrzehntelang war die Medizin überzeugt, daß Bakterien wie auch Pilze den Magen nicht passieren können, da sie von der Magensäure zerstört würden. Das gilt nicht für den verbreitetsten Pilz *Candida albicans.* Magenspiegelungen haben eindeutig ergeben, daß dieser Pilz nicht nur durch den Magen in den Darm gelangen kann, sondern sogar im sauren Magenmilieu siedelt.

Wieweit Candida Magengeschwüre auslöst oder begünstigt, ist noch nicht geklärt. Daß aber oft in diesen Geschwüren Candidapilze siedeln, ist erwiesen. Magenschmerzen, saures Aufstoßen, Druckgefühl sind die oft beklagten Störungen, die unter anderem stets auch an Pilze denken lassen sollten.

Behandelt werden Magen-Mykosen zusammen mit dem ganzen Verdauungstrakt.

Pilzes Lieblingsort: Dünn- und Dickdarm

In den Gedärmen ist das ideale Hauptsiedlungsgebiet für die Pilzfamilie *Candida albicans*. Der Darm eines Erwachsenen ist etwa sechs Meter lang. Nach innen ist die Haut mit Zotten besetzt, so daß möglichst viel Fläche Nährwerte aufnehmen kann.

Das muß man sich klar machen, um zu erkennen, wie viele gute Schlupfwinkel Pilze hier finden, um regelrechte Nester entstehen zu lassen.

Es dauert einige Zeit, ehe Beschwerden wahrgenommen werden, die durch eine solche Infektion ausgelöst werden.

Symptome für Pilze können sein:

- Durchfall, Verstopfung oder beides im Wechsel
- aufgeblähter Bauch, vor allem nach dem Essen
- Blähungen
- fast kolikartige Bauchschmerzen
- Aufstoßen
- Heißhunger auf Süßigkeiten

Da diese Erscheinungen selten zugleich auftreten, andererseits jeweils auch ganz andere Ursachen haben können, wird oft erst nach langer Zeit eine Stuhlprobe an ein Labor zur Untersuchung auf Pilzbefall geschickt.

Manchmal müssen Sie Ihren Hausarzt regelrecht nötigen, diese Laboruntersuchungen durchzuführen. Denn man muß dazu sagen, daß Pilze (= *Mykosen*) nach wie vor beim Medizinstudium kein eigenes Fachgebiet darstellen, sondern meistens im Lehrplan nur gestreift werden. Das häufigste Argument der Schulmediziner: »Pilze im Körper sind normal. Das belastet den Organismus nicht.«

Wichtig ist, am Abend vor dem Entnehmen der Stuhlprobe ein Glas verdünnten Obst- oder Apfelessig zu trinken (drei Eßlöffel Essig auf ein Glas kaltes Wasser). Essig löst Pilzsporen aus den Darmwänden, und auch aus versteckten Nestern werden die Hefepilze mit dem Stuhl ausgeschieden.

Dann wird mit einem kleinen Löffelchen im Stuhl etwas gestochert, um von verschiedenen Stellen etwa einen Teelöffel voll Kot zu entnehmen; diese Probe wird in dafür vorgesehenen Röhrchen (in Apotheken erhältlich) an ein Labor gegeben.

Ist eine Mykose diagnostiziert, beginnt die Behandlung. Und diese sollte immer mehrgleisig angelegt sein: medikamentös sowie mit einer strikten Diät beginnend, dann in eine bedachte Ernährung und einen Wiederaufbau der gestörten Darmflora mündend.

Behandlung des gesamten Verdauungsapparats gegen Pilze

Erst 1950 wurde im Staat New York (*N*ew *Y*ork *Stat*e) das fast revolutionär-wirksame Medikament gegen Candidosen entwickelt und dem Ort zu Ehren *Nystat*in genannt. Es handelt sich um ein Polyen-Antimykotikum, einen natürlichen Wirkstoff, der aus Bakterien gewonnen wird. Er wird vom Körper nicht resorbiert und hat daher keine Nebenwirkungen. Nystatin passiert den Verdauungstrakt vom Mund bis zum After, ohne in die Blutbahn aufgenommen zu werden, und wird auf dem ganzen Weg gegen Candida-Mykosen wirksam. Ohne Nystatin ist eine wirklich erfolgreiche Candida-Behandlung nicht möglich.

Begonnen wird – je nach Präparat – mit Lutschtabletten oder einer Suspension, die möglichst etwas im Mund behalten werden soll, um bereits dort gegen Pilze wirksam zu werden.

Nach etwa einer Woche folgt eine Tabletten-Einnahme für ungefähr 14 Tage. Nach einer weiteren Woche wird – nachdem wiederum abends Essig getrunken wurde – zur Kontrolle nochmals eine Stuhlprobe an ein Labor gegeben. In den meisten Fällen ist keine Wiederholung der Therapie nötig.

Das Gift der sterbenden Pilze

Während der Behandlung der Pilzinfektion werden die Pilze abgetötet. Indem sie sich auflösen, werden ihre gesamten

Stoffwechselgifte freigesetzt, das heißt, daß kurzfistig der Organismus des Erkrankten noch höher mit diesen Giften belastet wird als während der Infektion. Entsprechend können die Auswirkungen dieser Pilzgifte noch einmal eine Erstverschlimmerung gerade durch die Behandlung erfahren.

Deswegen ist es während der Behandlung mindestens so wichtig, wie während der Infektion, daß der Körper stark zur Entschlackung angeregt wird, sowohl über die Leber (Tees, natürliche Medikamente) als auch über die Nieren (mehrere Liter täglich trinken!) und die Haut (natürliche Fasern in der Bekleidung, die luftig aufliegen soll).

Ideal ist die begleitende Entschlackung durch Colon-Hydro-Therapie, die ganze Pilznester auszuschwemmen vermag.

Der Neuanfang: Aufbau der Darmflora

Sowohl durch die Pilzinfektion als auch durch die notwendige Behandlung ist die Darmflora geschädigt, das heißt, die für den Stoffwechsel dort notwendigen Bakterien (bis zu 400 verschiedene Bakterien siedeln im Darm) sind vermindert oder abgetötet. Deshalb empfiehlt sich jetzt eine Symbioselenkung des Darms.

Um die normale Darmfunktion herzustellen, muß das Milieu wieder stimmen. Je dichter und zuverlässiger die richtigen Bakterien den Darm besiedeln, um so weniger Platz wird eventuellen Restpilzen oder einer Neuinfektion von außen geboten.

Die entsprechenden Präparate sind in der Apotheke frei verkäuflich. Der Apotheker oder Therapeut wird die notwendige Wahl treffen.

Parallel zu einer biologischen Leberanregung (pflanzlich: Mariendistel, homöopathisch: Chelidonium) werden lebende Bakterienstämme dem Darm oral zugeführt, erreichen also über den normalen Weg des Verdauungstrakts den Darm, wo sie sich in Symbiose (= zu beidseitigem Nutzen) mit dessen Funktionen ansiedeln.

Eine massiv gestörte Darmflora bedeutet eine latente Immunschwäche; eine mikrobiologische Therapie mit Antagonisten der Pilze muß eingeleitet werden. Bei diesen physiologischen Keimen handelt es sich um lebende Bakterienstämme, von *Escherichia coli* und *Lactobacillus acidophilus,* die in Kapselform oder als Saft geschluckt werden. Auch Injektionen sind möglich. Die Präparate sollten im Kühlschrank gelagert werden, bis sie ganz verbraucht sind.

Diese lebenden Bakterienstämme regen die Immunarbeit des Darms wieder an, so daß das körpereigene Abwehrsystem gegen Restpilze oder Neuinfektionen aktiv werden kann.

Um diese Bakterienbesiedlung zu unterstützen, sollte Milchzucker gegessen werden. Er süßt ausreichend und dient Pilzen im Gegensatz zu diesen Bakterien nicht als Nahrung.

Während der Anti-Pilz-Diät und auch in der Nachbehandlung hat der Körper mit den Stoffwechselgiften der Parasiten zu kämpfen. Hier – wie in anderen »Vergiftungs-Situationen« – hat es sich bewährt, *Heilerde* (Apotheke) zu essen, die die Gifte im Darm bindet und ausscheidet.

Turnstunde für den Darm

Wer immer wiederkehrende Verdauungsbeschwerden hat, der sollte dagegen anturnen. Je kräftiger die Bauchmuskeln sind, je weicher Entspannung macht, um so zuverlässiger arbeitet die Verdauung.

Jeden Morgen und jeden Abend drei Minuten sind ausreichend!

1. Übung

- Mit geschlossenen Beinen aufrecht stehen,
- die Hände so in die Taille legen, daß die Fingerspitzen nach vorne zeigen.
- Den Körper in sich durchstrecken
- und kräftig, langsam einatmen.
- Mit dem Ausatmen leicht in den Knien nachgeben,
- Bauchmuskeln kräftig spannen (= Bauch einziehen).

2. Übung

- Wie zuvor,
- aber mit dem Einatmen die Arme langsam hoch über den Kopf heben
- und mit dem Ausatmen Bauch spannen
- und zweimal hinter den Waden klatschen.

3. Übung

- Auf dem Boden sitzen,
- ein Bein ausstrecken.
- Mit dem Ausatmen langsam tief auf das gestreckte Bein neigen,
- an Fuß oder Fessel festhalten und runterziehen;
- dann den Oberkörper mit dem Einatmen wieder aufrichten.
- 3 x wiederholen, dann aufs andere Bein neigen.

4. Übung

- Mit langgestreckten Beinen sitzen,
- Arme schweben über den Beinen,
- Rücken gerade und einatmen.
- Mit dem Ausatmen hinter dem Rücken aufstützen
- und beide Knie eng vor die Brust ziehen, wobei die Füße sich vom Boden abheben.

5. Übung

- Auf dem Boden knien
- und die Hände so aufstützen, daß die Arme senkrecht stehen und ganz gestreckt sind.
- Beim Einatmen den Kopf heben.
- Mit dem Ausatmen auf die Fersen zurücksetzen,
- Hände vorne liegen lassen,
- Kopf hängen lassen.
- Drei Sekunden so bleiben und den Druck auf die Bauchdecke fühlen.
- Erst dann wieder auf die Knie hochkommen und einatmen.

6. Übung

- Auf dem Rücken liegen,
- Beine eng anstellen,
- Handteller neben dem Körper auf dem Boden;
- einatmen.
- Mit dem Ausatmen drücken die Handteller gegen den Boden,
- das Becken hebt sich etwas ab
- und beide Beine werden hoch gestreckt.

7. Übung

- Ausgangsstellung wie zuvor.
- Mit dem Ausatmen ein Knie zur Brust ziehen,
- fest mit den Armen an den Brustkorb drücken
- und den Kopf heben,
- einige Sekunden so bleiben;
- dann mit dem Einatmen das Bein wieder anstellen
- und den Kopf ablegen.

Hilfe für den Darm durch Bach-Blüten

Es ist immer wieder darauf hingewiesen worden, daß zwischen Darmfunktion und Seele dauernde Wechselwirkungen bestehen, im positiven wie im negativen Sinn.

Eine etwa 50jährige Lehrerin kam mit Wechseljahrs-Beschwerden in die Praxis. Außer Hitzewallungen registrierte sie immer häufiger schlechte Laune, die Neigung zu depressiven Verstimmungen. Ihr wurde der Schulalltag immer schwerer.

Außer einem pflanzlichen Mittel gegen die Beschwerden des Klimakteriums, füllte sie einen ausführlichen Fragebogen zu Bach-Blüten aus. Daraus stellte die Therapeutin einige dieser Blütenessenzen zusammen, die mit vier mal vier Tropfen einzunehmen waren.

Nach sechs Wochen berichtete die Patientin, sie sei nicht nur wieder vergnügt und leistungsfähig bei der Arbeit, sondern auch ihre dauernden Verdauungsbeschwerden seien »ganz von allein« verschwunden. Tatsächlich waren aber auch daran die Bach-Blüten »schuld«.

Was sind Bach-Blüten?

Bach-Blüten haben ihren Namen von dem englischen Arzt Dr. Edward Bach, der vor Jahrzehnten Blütenessenzen auf ihre homöopathische Wirksamkeit untersuchte. Seine Idee: In sehr großer Verdünnung wird der Schwingungsimpuls einer Substanz immer deutlicher und kann Reaktionen auslösen; in diesem Fall Heilreaktionen, gezielt im seelisch-geistigen Bereich. Inzwischen benutzen viele Heilpraktiker die Erkenntnisse des Dr. Bach in der alltäglichen Therapie.

Da das Darmgehirn in einer ununterbrochenen Wechselbeziehung zum Kopfgehirn steht, nimmt es genau wie dieses sanfte Impulse der Bach-Blüten-Therapie auf.

Welche Blüten im einzelnen in Frage kommen, unterliegt dem erfahrenen Therapeuten.

Es geht dabei um Fragestellungen wie:
- Wie kann der Patient seinen Alltag verdauen?
- Liegt ihm ein Problem im Magen?
- Ist ihm etwas über die Leber gelaufen?
- Oder kocht ihm die Galle über?
- Ist er geizig, kann nicht loslassen?
- Ist er hart zu anderen und zu sich selbst?

Aus diesen und vielen anderen Antworten ergibt sich ein Puzzle, das sich eindeutig in bestimmte Bach-Blüten übersetzen läßt.

Sie sind ein Hilfsmittel neben vielen anderen. Sie sind garantiert unschädlich und ohne Nebenwirkungen und in allen Fällen einen Versuch wert, wo Unterbewußtsein, Seele und Geist an einer Störung beteiligt sein können.

Letzte Hilfe für den Darm

Es wurde beschrieben, wie gängige und kleinere Störungen des Darms mit natürlichen Mitteln kuriert werden können. Bei ihnen kann man sich selbst helfen oder mit der Hilfe eines Heilpraktikers oder Hausarztes Abhilfe schaffen.

Nun werden Sie nur nicht gleich zum überängstlichen Hypochonder, der bei jedem kleinen Symptom Schlimmes und Schlimmstes befürchten. Die Erwartenshaltung auf eine Krankheit hin kann psychosomatisch durchaus zum Auslöser einer Erkrankung werden. Die Angst vor Krebs ist leider auch das beste Terrain für Krebs.

Aber weder der einzelne noch erst recht ein Therapeut darf Signale übersehen, die ernst zu nehmen sind. Dann muß der Fachmann eine genaue Diagnose stellen und sagen, was zu geschehen hat.

Spezialisten sind:
- Gastroenterologen
- »Innere Abteilung« der Kliniken
- Röntgenpraxen
- bedingt: Internisten (wenn sie über entsprechende Ausrüstung verfügen)

Was bei einer solchen Behandlung abgeklärt werden muß, sind:

- wiederkehrende Blutungen unklarer Genese (= Herkunft)
- chronisch sich wiederholender Durchfall
- Darmverschluß
- starke Schmerzen
- plötzliches Erbrechen
- steinharte Bauchdecke

Wie wird untersucht?

Nach einer gründlichen Überprüfung der Vorgeschichte einer Krankheit (= *Anamnese*), wann und wie es zu welchen Beschwerden gekommen ist, wird die Bauchdecke abgetastet. Schon dabei kann eine akute Blinddarmentzündung diagnostiziert werden: Es gibt einen bestimmten Punkt auf der Bauchdecke, der einen starken Loslaß-Schmerz hervorruft, wenn man diese Stellen leicht eindrückt. Die nachfolgende und notwendige Operation ist der häufigste Eingriff in die Bauchdecke. Man verhindert damit einen Durchbruch in den Bauchraum und eine *Sepsis* (= Vergiftung), die lebensbedrohlich werden kann.

Mit einer Ultraschall-Untersuchung werden auf einem Bildschirm Verwachsungen, Myome, Polypen sichtbar gemacht. Es handelt sich dabei nicht um schädliche Strahlen wie beim Röntgen. Selbst Schwangere können regelmäßig auf diese Weise untersucht werden.

Die Röntgenuntersuchung gibt gegebenenfalls noch genaueren Aufschluß. Hierbei wird ein Kontrastmittel geschluckt oder per Einlauf gegeben, das dann sichtbar macht, wo es sich ausbreiten kann und wo eventuell Hindernisse im Weg liegen. Röntgenstrahlen sind schädlich und sollen nur, wo unbedingt erforderlich, eingesetzt werden.

Dem Gespräch und der äußeren Untersuchung folgt – je

nach Art und Ort der Beschwerden – eine Innenbetrachtung (= *Endoskopie*). Dabei wird ein Instrument (eine Sonde) in eine Körperhöhlung eingeführt, so daß der untersuchende Arzt über Spiegelvorrichtungen und Linsen nebst einer kleinen Lichtquelle am Gerät durch einen dünnen Schlauch hindurch in ein Organ hineinschauen kann. Zugleich hat das Gerät an seinem Ende eine winzige Zange, um Gewebeproben abknipsen zu können, die dann labortechnisch untersucht werden, um festzustellen, ob etwa eine Zellentartung, also ein Karzinom, vorliegt.

Auf diese Weise wird duch den Mund eine Magenschau (= *Gastroskopie*) vorgenommen oder durch den After eine Darmschau (= *Rektoskopie*).

Die Untersuchung mittels Endoskopie ist so selbstverständlich wie die bei der Vorsorge, wenn eine Frau zum Gynäkologen geht. Das heißt: Die Untersuchung soll keinesfalls Ängste auslösen, sie ist vorsorglich, um abzuklären, daß nichts versäumt wird.

Auf diese Weise können Geschwüre, Polypen, Divertikel, Blutungen, Verschlingungen festgestellt werden. Sehr oft trifft nichts von alledem zu, und die Behandlung kann mit den obengenannten kleinen Mitteln weitergeführt werden.

Medikamente für die Verdauungsorgane

Schulmedizinisch wird bei der medikamentösen Behandlung des Verdauungstrakts eher mit stark wirkenden, meist chemischen Mitteln vorgegangen. Dabei muß oft der Nutzen gegen Nebenwirkungen andererseits abgewogen werden.

Es ist gut, so lange wie möglich, so sanft wie vertretbar zu behandeln. Aber es ist auch wichtig, den richtigen Moment zu erkennen, wo nur noch stark wirksame Mittel helfen können.

Eine 63jährige Patientin, die seit Jahren ein absolutes Vertrauensverhältnis zu ihrer Heilpraktikerin hatte, klagte zunehmend über Magenschmerzen, Sodbrennen, Schlaflosigkeit. Die Therapeutin schickte sie zu einer Gastroskopie. Man stellte im Magen Helicobacter-pylori-Bakterien fest. Die Patientin weigerte sich, Antibiotika einzunehmen. Sie wollte mit Homöopathie behandelt werden. Das führte zur Trennung von ihrer Therapeutin. Und schließlich zu einer plötzlich notwendig gewordenen Magenoperation, als Geschwüre durchzubrechen drohten.

Ein trauriges Kapitel: Darmoperationen

Ist ein chirurgischer Eingriff notwendig, so sollte er schnell erfolgen.

Die Indikationen sind:

- mechanischer Darmverschluß durch Eingeweidebruch (= *Hernie*)
- Tumor
- Fremdkörper
- akute Blinddarmentzündung (= *Appendizitis*)
- Schleimhautdurchbruch (= *Perforation*)
  - eines Geschwürs
  - der Gallenblase
  - von Divertikeln
  - eines Tumors

Grundsätzlich gilt der Rat des Paracelsus: »Frage nicht einen, frage nicht zwei, frage drei Ärzte!«

Aber bei einer akut gefährlichen Baucherkrankung (= *akuten Abdomen*) ist keine Zeit zu verlieren. Man muß sich auf die erste Diagnose verlassen können, um sofort zu handeln.

Ein negatives Beispiel: Nachts um drei hielt ein Taxi vor der Notaufnahme eines Hamburger Krankenhauses. Eine Frau brachte ihren Mann zur »sofortigen Blinddarmoperation«.

Zwei anwesende Medizinstudenten, die ihr Praktikum absolvierten, freuten sich schon, so zu der Operation zu kommen, die das Examen vorschreibt. Zum Glück wurde noch einmal untersucht, und es stellte sich heraus: Es handelte sich um einen Herzinfarkt.

Es gibt eine Reihe von Erkrankungen, die ein akutes Bauchgeschehen vortäuschen können und deren Verkennung verhängnisvoll sein kann. Dazu zählen

- Herzinfarkt (vor allem Hinterwand-Infarkt)
- Lungeninfarkt
- akute Bauchfellentzündung
- diabetisches Koma (= *Coma diabeticum*) und andere

Eine Bauchoperation gehört meist zu den größeren Eingriffen, es sei denn, es handelt sich um eine Blinddarmentzündung.

Aber die chirurgischen Möglichkeiten sind bei uns so gut, daß nahezu immer und überall rechtzeitig ein Krankenhaus für den Eingriff erreicht werden kann.

Und selbst bei einer Krebsoperation sind die Chancen recht gut. Man kann notfalls ohne Magen oder mit einem künstlichen Darmausgang (= *Anus praeter*) viele Jahre mit Lebensqualität nach einer solchen Operation vor sich haben. Dann freilich sind alle oben genannten Vorsorgewege besonders wichtig und unverzichtbar!

Nachwort: Nehmen Sie die kleinen Schritte in Angriff

Der Tod kam vielfach aus dem Darm. Dieses Wissen galt Jahrhunderte lang. Der Darm mit seiner außerordentlichen Länge und Fläche ist eines der wichtigsten Organe im Körper.

Seine vielfältigen Funktionen greifen ineinander und sind lebenswichtig. Durch Zivilisationssünden und Umweltbelastung überfordern wir den Darm heute oft. Er reagiert mit Störungen und Krankheiten, die jeder kennt und die zur ernsthaften Bedrohung werden können.

Aber es gibt viele Möglichkeiten, um vorzubeugen. Kennt man Beschaffenheit und Funktion des Darms, so ist jeder selbst für sich verantwortlich, etwas für die Gesundheit des Darms zu tun. Stellen Sie sich doch aus diesem Buch einfach mal ein Programm der kleinen Schritte zusammen. Fangen Sie heute abend damit an, Ihr Abendbrot ganz langsam zu kauen.

Es lohnt sich. Denn eines steht fest: Auch das zufriedene Lächeln in den Mundwinkeln wird im Darm geboren!

Register

A

B

C

E

F

G

H

I

K

L

M

R

S

W

Y

Z